POKÉMON™

¡Hazte con todos!™

GUÍA DE LOS POKÉMON DE ALOLA

Título original: *Alola Region Handbook*
Primera edición: junio de 2018
Tercera reimpresión: febrero de 2020

Printed in Spain – Impreso en España
ISBN: 978-84-9043-965-4
Depósito legal: B-5.652-2018
Impreso en Gráficas 94, S. L.
Sant Quirze del Vallès (Barcelona)
GT39654

Penguin
Random House
Grupo Editorial

ÍNDICE

DESCUBRE LOS POKÉMON DE ALOLA

¡BIENVENIDO A ALOLA!

Hay montones de cosas por descubrir en esta nueva región en la que siempre brilla el sol y en la que conocerás a un sinfín de nuevos Pokémon.

Para triunfar con tus Pokémon, es importante contar siempre con la mejor información sobre su tipo, categoría, peso y altura. Disponer de todos estos datos puede marcar la diferencia a la hora de criar a tus Pokémon, combatir con ellos y verlos evolucionar.

En este libro encontrarás toda la información y datos necesarios sobre los Pokémon de Alola. Así descubrirás, por ejemplo, cuándo evoluciona cada Pokémon y cuáles son sus movimientos.

CAPTURAR Y ENTRENAR A TANTOS POKÉMON COMO PUEDAS

Empezarás la aventura eligiendo a uno de estos tres Pokémon.

POPPLIO

ROWLET

LITTEN

En cuanto te hayas hecho con el primero, podrás atrapar a más Pokémon... y combatir contra otros.

ASÍ QUE PREPÁRATE, ENTRENADOR

Dentro de poco estarás listo para dominar todos los desafíos a los que te enfrentes. Si quieres descubrir más cosas sobre los Pokémon, solo tienes que pasar la página.

LOS POKÉMON SON CRIATURAS QUE PUEDEN ADOPTAR TODO TIPO DE FORMAS, TAMAÑOS Y PERSONALIDADES.

Algunos viven en el mar; otros, en cuevas, torres antiguas, ríos o entre la hierba. Los Entrenadores pueden buscar, capturar, entrenar, intercambiar, coleccionar y usar a los Pokémon en los combates contra sus rivales con el objetivo de ser el mejor Entrenador de Pokémon del mundo.

Este libro incluye más de 250 especies de Pokémon conocidas, la mayoría de las cuales cuentan con numerosos ejemplares. Algunos Pokémon son muy comunes, como los Rattata, que pueden encontrarse por todas partes. Pero otros, como Lunala, Solgaleo y Magearna, se consideran Pokémon Legendarios o Míticos, y son muy poco frecuentes.

Cada Pokémon tiene su propia personalidad. Por ejemplo, existen muchos Pikachu, pero el de Ash es especial y viaja con él en todas sus aventuras.

El objetivo de los Entrenadores es atrapar a los Pokémon salvajes y hacerse su amigo, para luego entrenarlos para combatir. Los Pokémon no resultan heridos de gravedad en los combates. Si salen derrotados, se debilitan y vuelven a la Poké Ball para descansar y curarse. Los Entrenadores tienen la responsabilidad de cuidar de sus Pokémon.

Con este libro conocerás la información y los datos básicos necesarios para empezar tu aventura Pokémon. De cada Pokémon conocerás lo siguiente:

NOMBRE

CATEGORÍA

Todos los Pokémon pertenecen a una categoría determinada.

PRONUNCIACIÓN

No es difícil liarse con la pronunciación de los nombres de los Pokémon. Muchos tienen nombre raro, así que queremos ayudarte a pronunciarlos. Dentro de nada los dirás tan bien que parecerás Profesor.

TIPO

Todos los Pokémon pertenecen a un tipo, y algunos, incluso a dos. Los Pokémon de dos tipos se llaman Pokémon de doble tipo. Todos los tipos de Pokémon cuentan con ventajas y desventajas, que analizaremos.

ALTURA Y PESO

¿Cuáles son las medidas de cada Pokémon? Lo descubrirás consultando los datos sobre altura y peso. Y recuerda que no siempre más es mejor. Cada Entrenador debe trabajar con sus Pokémon para aprovechar sus puntos fuertes.

MOVIMIENTOS POSIBLES

Todos los Pokémon cuentan con una combinación única de movimientos. Antes de empezar a combatir, infórmate de los distintos ataques de cada Pokémon. Y no te olvides de que, con un buen Entrenador, más movimientos aprenderán.

DESCRIPCIÓN

Saber es poder. Y los Entrenadores de Pokémon deben saber lo que hacen. Aquí podrás descubrir todo lo que tienes que saber sobre tu Pokémon.

EVOLUCIÓN

Si tu Pokémon tiene Evolución o ha evolucionado de otro Pokémon, aquí te mostramos su línea evolutiva.

LITTEN

Pokémon Gato Fuego

Pronunciación: LÍ-ten

Tipo: Fuego   **Altura:** 0,4 m

Peso: 4,3 kg

Movimientos: Arañazo, Ascuas, Gruñido, Lengüetazo, Malicioso, Colmillo Ígneo, Rugido, Mordisco, Contoneo, Golpes Furia, Golpe, Lanzallamas, Cara Susto, Envite Ígneo, Enfado

Cuando lame su pelaje, Litten acumula municiones: escupirá ese pelaje llameante en un ataque de fuego. Los Entrenadores tienen dificultades para ganarse la confianza de estos Pokémon solitarios.

EVOLUCIÓN

Litten → Torracat → Incineroar

149

¿Quieres saber qué tipos de Pokémon te encontrarás en tu aventura? En la siguiente página los descubrirás.

EL TIPO DE POKÉMON ES CLAVE PARA DESPLEGAR TODA SU FUERZA

El tipo de Pokémon te dice mucho de él: desde dónde encontrarlo en estado salvaje hasta los movimientos que usará durante los combates. Por ejemplo, los Pokémon de tipo agua suelen vivir en lagos, mares y ríos y usar movimientos como burbuja e hidrobomba.

Si eres listo, deberías tener siempre en cuenta el tipo de Pokémon a la hora de escogerlos para un combate, ya que indica sus puntos fuertes y débiles. Por ejemplo, los de tipo Fuego derriten a los de tipo Hielo, pero contra los de tipo Agua se verán con el agua al cuello. Además, mientras que los de tipo Agua suelen dominar los combates contra los de tipo Fuego, si se enfrentan a los de tipo Hierba resultarán tan inofensivos como un aspersor. Sin embargo, si los de tipo Hierba combaten contra los de tipo Fuego, corren el riesgo de acabar chamuscados.

HAY 18 TIPOS DISTINTOS DE POKÉMON EN ESTE LIBRO

BICHO

SINIESTRO

DRAGÓN

ELÉCTRICO

HADA

LUCHA

FUEGO

VOLADOR

FANTASMA

HIERBA

TIERRA

HIELO

NORMAL

VENENO

PSÍQUICO

ROCA

ACERO

AGUA

FUNDAMENTOS DE LOS COMBATES

¿POR QUÉ SE COMBATE?

Los Pokémon tienen dos motivos fundamentales para combatir. El primero de ellos es deportivo: puedes enfrentarte a otro Entrenador en un combate amistoso. Los que combaten son los Pokémon, pero eres tú el que decide qué Pokémon usas y qué movimientos empleará.

El segundo motivo es para atrapar Pokémon salvajes. Los Pokémon salvajes nunca han recibido entrenamiento, no pertenecen a nadie y se encuentran casi por todas partes. Los combates son una de las mejores formas de hacerte con nuevos Pokémon, pero no está permitido capturar Pokémon de otros entrenadores, aunque les ganes en combate.

CÓMO ELEGIR EL MEJOR POKÉMON PARA CADA COMBATE

Es posible que, en tu preparación para el primer combate, cuentes con varios Pokémon entre los que elegir. Con este libro queremos ayudarte a decidir qué Pokémon será mejor para cada combate. Si te enfrentas a un tipo Fuego como Litten, lo dejarás sin chispa con un tipo Agua como Popplio.

COMBATE

Tus Pokémon y tú os enfrentaréis —y, esperemos, derrotaréis— a todos y cada uno de los Pokémon del Entrenador rival. Ganarás cuando tus Pokémon hayan vencido a todos los del oponente. Para derrotar a un Pokémon, hay que debilitarlo.

¿ESTÁS LISTO PARA DESCUBRIRLO TODO SOBRE LOS POKÉMON? PUES... ¡EMPECEMOS! ───────▶

ABRA
Pokémon Psi

Pronunciación:
Á-bra

Tipo: Psíquico

Altura: 0,9 m

Peso: 19,5 kg

Movimiento: Teletransporte

Incluso cuando duerme, es decir la mayoría de las veces, Abra puede escapar de un enemigo usando Teletransporte. A veces cuando se despierta se encuentra en un lugar desconocido y se asusta.

EVOLUCIÓN

Abra → Kadabra → Alakazam

ABSOL

Pokémon Catástrofe

Pronunciación:
ÁB-sol

Tipo: Siniestro

Altura: 1,2 m

Peso: 47 kg

Movimientos:
Arañazo, Amago,
Malicioso,
Ataque Rápido,
Persecución, Mofa, Mordisco, Doble
Equipo, Cuchillada, Danza Espada, Tajo
Umbrío, Detección, Psicocorte, Yo Primero,
Golpe Bajo, Viento Cortante, Premonición,
Canto Mortal

Donde aparece Absol, a menudo sucede un
desastre. Acusado de causar esos desastres, fue obligado
a refugiarse en las montañas –cuando en realidad, solo intentaba
advertir a la gente.

EVOLUCIÓN
No evoluciona.

AERODACTYL

Pokémon Fósil

Pronunciación: ae-ro-DÁK-til

Tipo: Roca-Volador

Altura: 1,8 m

Peso: 59 kg

Movimientos: Colmillo Hielo, Colmillo Ígneo, Colmillo Rayo, Ataque Ala, Supersónico, Mordisco, Cara Susto, Rugido, Agilidad, Poder Pasado, Triturar, Derribo, Caída Libre, Cabeza de Hierro, Hiperrayo, Avalancha, Giga Impacto

En su época, este antiguo Pokémon dominaba los cielos. Los colmillos que recorren sus mandíbulas son como los dientes de una sierra, y los usa para agarrar y desgarrar a sus rivales.

EVOLUCIÓN
No evoluciona.

ALAKAZAM

Pokémon Psi

Pronunciación:
a-la-ka-ZÁM

Tipo: Psíquico

Altura: 1,5 m

Peso: 48 kg

Movimientos: Kinético, Teletransporte, Confusión, Anulación, Psicorrayo, Gran Ojo, Reflejo, Psicocorte, Recuperación, Telequinesis, Cambio Banda, Psíquico, Paz Mental, Premonición, Truco

El cerebro de Alakazam nunca deja de aumentar de tamaño, así que su cabeza tiene que crecer para contener su enorme intelecto. Cuando sus poderes psíquicos se desbordan, todos los que se encuentren cerca sufrirán un fuerte dolor de cabeza.

EVOLUCIÓN

Abra → Kadabra → Alakazam

ALOMOMOLA

Pokémon Socorrista

Pronunciación:
a-lo-mo-MÓ-la

Tipo: Agua

Altura: 1,2 m

Peso: 31,6 kg

Movimientos: Camaradería, Destructor, Hidrochorro, Acua Aro, Acua Jet, Doble Bofetón, Pulso Cura, Protección, Hidropulso, Espabila, Anegar, Deseo, Salmuera, Velo Sagrado, Torbellino, Refuerzo, Deseo Cura, Vastaguardia, Hidrobomba

Alomomola es un reputado sanador en el mar abierto, donde vive. Los Pokémon que han sido heridos se reunen a su alrededor para que pueda curarlos con la baba curativa que cubre su cuerpo.

EVOLUCIÓN

No evoluciona.

ARAQUANID

Pokémon Pompa

Pronunciación: a-RÁ-kua-nid

Tipo: Agua-Bicho

Altura: 1,8 m

Peso: 82 kg

Movimientos: Vastaguardia, Anegar, Burbuja, Acoso, Telaraña, Picadura, Rayo Burbuja, Mordisco, Acua Aro, Chupavidas, Triturar, Plancha, Manto Espejo, Hidroariete, Danza Amiga

En combate, Araquanid usa la burbuja de agua que rodea su cabeza como un arma, golpeando a sus oponentes o cortando su acceso al aire. Fuera del combate, usa la burbuja como escudo para proteger a sus compañeros más débiles.

EVOLUCIÓN

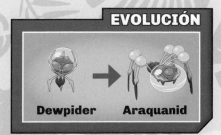

Dewpider → Araquanid

ARCANINE
Pokémon Legendario

Pronunciación: ÁR-ka-nain

Tipo: Fuego

Altura: 1,9 m

Peso: 155 kg

Movimientos: Colmillo Rayo, Mordisco, Rugido, Rastreo, Colmillo Ígneo, Velocidad Extrema

Tan atractivo como majestuoso, Arcanine usa la llama que arde en su interior como combustible para correr distancias increíbles. El antiguo folklore oriental ya hablaba de este poderoso Pokémon.

EVOLUCIÓN

Growlithe → Arcanine

ARCHEN

Pokémon Protopájaro

Pronunciación:
ÁR-quen

Tipo: Roca-Volador

Altura: 0,5 m

Peso: 9,5 kg

Movimientos: Ataque Rápido, Malicioso, Ataque Ala, Lanzarrocas, Doble Equipo, Cara Susto, Picoteo, Poder Pasado, Agilidad, Anticipo, Acróbata, Dragoaliento, Triturar, Esfuerzo, Ida y Vuelta, Avalancha, Garra Dragón, Golpe

Aunque los Pokémon voladores de hoy en día descienden de Archen, este antiguo Pokémon no podía volar. Usaba sus alas para planear entre los árboles o dejarse caer sobre sus rivales desde arriba.

EVOLUCIÓN

Archen → Archeops

ARCHEOPS

Pokémon Protopájaro

Pronunciación:
ÁR-quiops

Tipo: Roca-Volador

Altura: 1,4 m

Peso: 32 kg

Movimientos:
Ataque Rápido, Malicioso, Ataque Ala, Lanzarrocas, Doble Equipo, Cara Susto, Picoteo, Poder Pasado, Agilidad, Anticipo, Acróbata, Dragoaliento, Triturar, Esfuerzo, Ida y Vuelta, Avalancha, Garra Dragón, Golpe

Al parecer, en la antigüedad Archeops podía volar, pero prefería correr, cubriendo las distancias a velocidades de alrededor de 40 kph. A menudo los Archeops trabajaban en equipo contra sus oponentes: uno le acorralaba y distraía, mientras otro atacaba desde arriba.

EVOLUCIÓN

Archen → Archeops

ARIADOS

Pokémon Pata Larga

Pronunciación: Á-ria-dos

Tipo: Bicho-Veneno

Altura: 1,1 m

Peso: 33,5 kg

Movimientos: Danza Espada, Foco Energía, Trampa Venenosa, Aguijón Letal, Picadura, Picotazo Veneno, Disparo Demora, Restricción, Absorber, Acoso, Cara Susto, Tinieblas, Sombra Vil, Golpes Furia, Golpe Bajo, Telaraña, Agilidad, Pin Misil, Psíquico, Puya Nociva, Veneno X, Red Viscosa, Hilo Venenoso

El hilo de Ariados se utiliza a veces en la industra textil para producir piezas de tela especialmente resistentes. Cuando hace su web, Ariados teje este hilo desde ambos extremos de su cuerpo.

EVOLUCIÓN

Spinarak → Ariados

BAGON
Pokémon Cabeza Roca

Pronunciación: BÉI-gon

Tipo: Dragón

Altura: 0,6 m

Peso: 42,1 kg

Movimientos: Furia, Ascuas, Malicioso, Mordisco, Dragoaliento, Golpe Cabeza, Foco Energía, Triturar, Garra Dragón, Cabezazo Zen, Cara Susto, Lanzallamas, Doble Filo

Frustrado por su falta de alas, Bagon va de aquí allá golpeándolo todo con su cabeza rocosa. Su obsesiva búsqueda del vuelo parece tener una motivación genética.

EVOLUCIÓN

Bagon → Shelgon → Salamence

BARBOACH

Pokémon Bigotudo

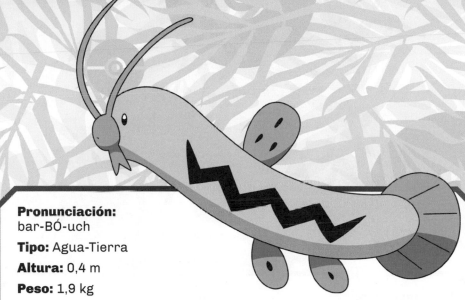

Pronunciación:
bar-BÓ-uch

Tipo: Agua-Tierra

Altura: 0,4 m

Peso: 1,9 kg

Movimientos: Bofetón Lodo, Chapoteo Lodo, Hidrochorro, Pistola Agua, Bomba Fango, Amnesia, Hidropulso, Magnitud, Descanso, Ronquido, Acua Cola, Terremoto, Agua Lodosa, Premonición, Fisura

¡Sujetar a un resbaladizo Barboach es tan difícil que hacerlo se ha convertido en una competición en algunos lugares! Este Pokémon prefiere vivir en lodazales, donde usa sus bigotes para sentir su entorno.

EVOLUCIÓN

Barboach → Whiscash

BASTIODON

Pokémon Escudo

Pronunciación: bas-tio-DÓN

Altura: 1.3 m

Peso: 149,5 kg

Tipo: Roca-Acero

Movimientos: Bloqueo, Placaje, Protección, Mofa, Eco Metálico, Derribo, Defensa Férrea, Contoneo, Poder Pasado, Aguante, Represión Metal, Cabeza de Hierro, Cuerpo Pesado

Bastiodon está bien protegido contra un ataque frontal, pero resulta vulnerable desde la retaguardia. Los fósiles de Bastiodon y Rampardos han sido descubiertos en los mismos lugares, a menudo trabados en un combate sin fin.

EVOLUCIÓN

Shieldon → Bastiodon

BELDUM

Pokémon Bola Hierro

Pronunciación:
BÉL-dum

Tipo: Acero-Psíquico

Altura: 0,6 m

Peso: 95,2 kg

Movimientos: Derribo

Los grupos de Beldum se comunican usando el poder del magnetismo. Utiliza la fuerza magnética generada en sus células para atraer a su oponente al alcance de sus garras.

EVOLUCIÓN

Beldum   Metang   Metagross

BEWEAR
Pokémon Brazo Fuerte

Pronunciación:
bi-UÉAR

Tipo: Normal-Lucha

Altura: 2,1 m

Peso: 135 kg

Movimientos: Placaje,
Malicioso, Bide, Ojitos Tiernos, Giro Vil, Azote, Vendetta, Derribo,
Machada, Golpe, Divide Dolor, Doble Filo, Fuerza Bruta

Piénsalo dos veces antes de hacerte amigo de un Bewear. Este súper
poderoso Pokémon puede resultar aún más peligroso para quienes le
gustan, ¡ya que tiende a dar fortísimos abrazos como señal de afecto!
¡Ve con cuidado!

EVOLUCIÓN

Stuffful → Bewear

BLISSEY

Pokémon Felicidad

Pronunciación:
BLÍ-si

Tipo: Normal

Altura: 1,5 m

Peso: 46,8 kg

Movimientos:
Rizo Defensa, Destructor, Gruñido, Látigo, Alivio, Doble Bofetón, Amortiguador, Ofrenda, Reducción, Derribo, Canto, Lanzamiento, Pulso Cura, Bomba Huevo, Pantalla de Luz, Deseo Cura, Doble Filo

Comer el huevo de un Blissey tendrá un efecto calmante incluso en los temperamentos más salvajes. El pelaje suave y esponjoso que cubre su cuerpo es muy sensible a su entorno, hasta el punto de que puede sentir emociones de esta forma.

EVOLUCIÓN

Happiny → Chansey → Blissey

BOLDORE

Pokémon Mineral

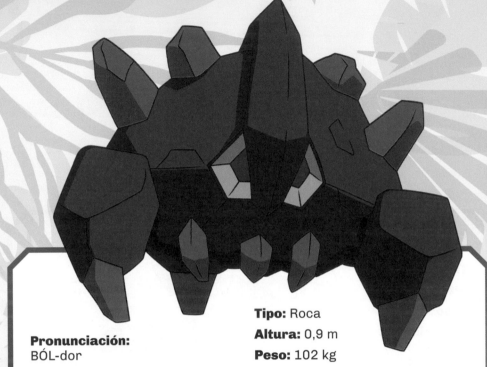

Tipo: Roca

Altura: 0,9 m

Peso: 102 kg

Pronunciación:
BÓL-dor

Movimientos: Joya de Luz, Placaje, Fortaleza, Ataque Arena, Golpe Cabeza, Pedrada, Bofetón Lodo, Defensa Férrea, Antiaéreo, Avalancha, Trampa Rocas, Tormenta Arena, Roca Afilada, Explosión

Los cristales que brillan en el cuerpo de Boldore son masas de energía pura. Si se desprendieran, podrían usarse como una impresionante fuente de combustible. Se le da bien encontrar agua subterránea, aunque estar cerca del agua lo hace sentir incómodo.

EVOLUCIÓN

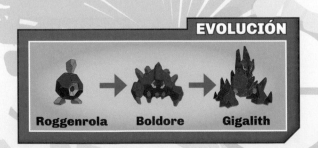

Roggenrola → Boldore → Gigalith

BONSLY

Pokémon Bonsái

Pronunciación: BÓNS-lai

Tipo: Roca

Altura: 0,5 m

Peso: 15 kg

Movimientos: Falso Llanto, Copión, Azote, Patada Baja, Lanzarrocas, Mimético, Finta, Ojos Llorosos, Tumba Rocas, Bloqueo, Avalancha, Contraataque, Golpe Bajo, Doble Filo

Bonsly "suda" liberando humedad por sus ojos, lo que hace que parezca que está llorando. Prefiere ocupar un ambiente seco, lugares donde crecen pocas plantas, aunque esto a menudo lo deja sin camuflaje entre el que esconderse.

EVOLUCIÓN

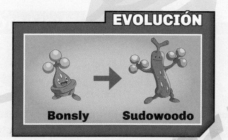

Bonsly → **Sudowoodo**

BOUNSWEET

Pokémon Fruto

Pronunciación: BÁUN-suit

Tipo: Hierba

Altura: 0,3 m

Peso: 3,2 kg

Movimientos: Salpicadura, Camaradería, Giro Rápido, Hoja Afilada, Dulce Aroma, Hoja Mágica, Danza Caos, Azote, Niebla Aromática

Bounsweet huele tan bien que resulta apetecible para para comer, ¡lo que a veces le crea problemas! Suelta un líquido muy azucarado, aunque puede diluirse para bajar su dulzura y que la gente pueda beberlo.

EVOLUCIÓN

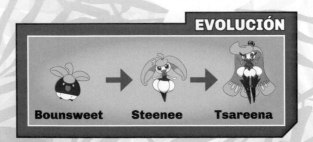

Bounsweet → Steenee → Tsareena

BRAVIARY

Pokémon Aguerrido

Pronunciación: BRÉI-via-ri

Tipo: Normal-Volador

Altura: 1,5 m

Peso: 41 kg

Movimientos: Golpe, Pájaro Osado, Remolino, Fuerza Bruta, Picotazo, Malicioso, Ataque Furia, Ataque Ala, Afilagarras, Cara Susto, Golpe Aéreo, Cuchillada, Despejar, Viento Afín, Tajo Aéreo, Garra Brutal, Caída Libre

En la antigua Alola, Braviary se ganó el respeto como "el héroe del cielo". Varios de estos Pokémon se unieron para luchar contra aquellos que amenazaban su territorio, o eso dice la historia.

EVOLUCIÓN

Rufflet → Braviary

BRIONNE

Pokémon Fama

Pronunciación: bri-ÓN

Tipo: Agua

Altura: 0,6 m

Peso: 17,5 kg

Movimientos: Destructor, Pistola Agua, Gruñido, Voz Cautivadora, Ojos Tiernos, Acua Jet, Otra Vez, Rayo Burbuja, Canto, Doble Bofetón, Vozarrón, Fuerza Lunar, Seducción, Hidrobomba, Campo de Niebla

Brionne lanza globos de agua a sus oponentes en una rápida y hábil danza de combate. También muestra sus habilidades para el baile cuando intenta animar a su Entrenador.

EVOLUCIÓN

Popplio → Brionne → Primarina

BRUXISH

Pokémon Rechinante

Pronunciación:
BRÁK-sis

Tipo: Agua-Psíquico

Altura: 0,9 m   **Peso:** 19 kg

Movimientos: Pistola Agua, Impresionar, Confusión, Mordisco, Acua Jet, Anulación, Psicoonda, Triturar, Acua Cola, Chirrido, Psicocolmillo, Sincrorruido

No dejes que la sonrisa cautivadora del colorido Bruxish te engañe; sus dientes son fuertes y afilados, y puede usar poderes psíquicos lo bastante poderosos como para aturdir a un oponente en el combate.

EVOLUCIÓN
No evoluciona.

BUTTERFREE

Pokémon Mariposa

Pronunciación:
BÁ-ter-fri

Tipo: Bicho-Volador

Altura: 1,1 m

Peso: 32 kg

Movimientos:
Tornado, Confusión, Polvo Veneno, Paralizador, Somnífero, Psicorrayo, Viento Plata, Supersónico, Velo Sagrado, Remolino, Zumbido, Polvo Ira, Seducción, Viento Afín, Tajo Aéreo, Danza Aleteo

Las alas de Butterfree están cubiertas de escamas venenosas. Cuando es atacado, agita sus alas frenéticamente para dispersar esas escamas. Sus grandes ojos compuestos están formados por muchos ojos pequeños.

EVOLUCIÓN

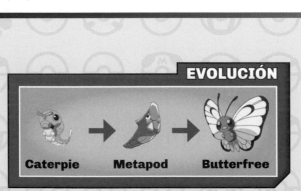

Caterpie → Metapod → Butterfree

BUZZWOLE

Pokémon Hinchado

Ultraente

Pronunciación:
BÁS-uol

Movimientos:
Aguijón Letal, Puño
Trueno, Puño
Hielo, Inversión,
Fortaleza, Puño
Incremento, Foco
Energía, Puño
Cometa, Corpulencia,
Tiro Vital, Aguante, Chupavidas, Mofa, Megapuño, Contraataque,
Machada, Plancha, Puño Dinámico, Fuerza Bruta, Puño Certero

Tipo:
Bicho-Lucha

Altura: 2,4 m

Peso:
333,6 kg

Una de las misteriosas Bestias Ultra, Buzzwole es tremendamente
fuerte, capaz de destruir maquinaria pesada de un golpe. Cuando
exhibe sus músculos impresionantes, nadie está seguro si es un acto
de fanfarronería o bien una amenaza real.

EVOLUCIÓN
No evoluciona.

CARBINK

Pokémon Joya

Pronunciación:
car-BÍNK

Tipo: Roca-Hada

Altura: 0,3 m

Peso: 5,7 kg

Movimientos: Placaje, Fortaleza, Lanzarrocas, Afilar, Antiaéreo, Reflejo, Trampa Rocas, Isoguardia, Poder Pasado, Azote, Intercambio, Joya de Luz, Roca Afilada, Fuerza Lunar, Pantalla de Luz, Velo Sagrado

La presión extrema y la temperatura de su hogar subterráneo hicieron que el cuerpo de Carbink se compactara y cristalizara. Aunque no se trata de un Pokémon poco habitual, el brillo que emana de su cuerpo, que recuerda a una joya, llama la atención de quienes lo ven.

EVOLUCIÓN

No evoluciona.

CARRACOSTA

Pokémon Pretortuga

Pronunciación:
ca-rra-KÓS-ta

Tipo:
Agua-Roca

Altura: 1,2 m

Peso: 81 kg

Movimientos:
Venganza, Refugio,
Pistola Agua, Desenrollar, Mordisco, Protección, Acua Jet, Poder
Pasado, Triturar, Vastaguardia, Salmuera, Antiaéreo, Maldición,
Rompecoraza, Acua Cola, Avalancha, Danza Lluvia, Hidrobomba

Carracosta puede desenvolverse bastante bien en tierra y además
es un nadador fuerte, lo que le da una ventaja en los combates
cerca del agua. Su caparazón pesado está hecho del mismo material
resistente que forma sus huesos.

EVOLUCIÓN

Tirtouga → Carracosta

CARVANHA

Pokémon Feroz

Pronunciación:
kar-BÁ-na

Tipo: Agua-Siniestro

Altura: 0,8 m

Peso: 20,8 kg

Movimientos: Malicioso, Mordisco, Furia, Foco Energía, Acua Jet, Buena Baza, Chirrido, Contoneo, Colmillo Hielo, Cara Susto, Colmillo Veneno, Triturar, Agilidad, Derribo

Un Carvanha solo será un poco cobarde, pero en grupo son terroríficos. Cualquier rastro de sangre en el agua hace que se reúnan para atacar. Cada banco defiende su territorio brutalmente.

EVOLUCIÓN

Carvanha → **Sharpedo**

CASTFORM

Pokémon Clima

Forma
Normal

Forma
Nieve

Forma
Lluvia

Forma
Sol

Pronunciación:
KÁST-form

Tipo: Normal

Altura: 0,3 m

Peso: 0,8 kg

Movimientos: Placaje,
Pistola Agua, Ascuas, Nieve Polvo,
Golpe Cabeza, Danza Lluvia,
Día Soleado, Granizo, Meteorobola,
Hidrobomba, Llamarada, Ventisca, Vendaval

Cuando cambia el clima, el aspecto de Castform cambia con él.
Resulta tan sensible a los cambios de humedad y temperatura que
estos cambios alteran la estructura de sus células.

EVOLUCIÓN

No evoluciona.

CATERPIE

Pokémon Gusano

Pronunciación:
KÁ-ter-pi

Tipo: Bicho

Altura: 0,3 m   **Peso:** 2,9 kg

Movimientos: Placaje, Disparo
Demora, Picadura

Se recomienda a Caterpie a los Entrenadores que empiezan su viaje,
porque atrapar y criar a este Pokémon no requiere demasiado
esfuerzo. Para repeler a los tipo Volador que suelen atacarlo,
las antenas de Caterpie producen un terrible olor.

EVOLUCIÓN

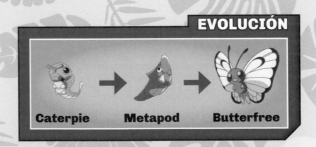

Caterpie   Metapod   Butterfree

CELESTEELA

Pokémon Lanzamiento

Ultraente

Pronunciación:
ze-les-TÍ-la

Tipo: Acero-Volador   **Altura:** 9,2 m   **Peso**: 999,9 kg

Movimientos: Vastaguardia, Tajo Aéreo, Arraigo, Absorber, Fortaleza, Placaje, Antiaéreo, Megaagotar, Drenadoras, Eco Metálico, Cabeza de Hierro, Gigadrenado, Foco Resplandor, Aligerar, Bomba Germen, Cabezazo, Defensa Férrea, Cuerpo Pesado, Doble Filo

Celesteela, una de las misteriosas Ultra Bestias, puede disparar gases incendiarios desde sus brazos y se le ha visto quemar amplias zonas de árboles. En vuelo, puede alcanzar velocidades impresionantes.

EVOLUCIÓN
No evoluciona.

CHANSEY

Pokémon Huevo

Pronunciación:
CHÁN-si

Tipo: Normal

Altura: 1,1 m

Peso: 34,6 kg

Movimientos: Doble Filo, Rizo Defensa, Destructor, Gruñido, Látigo, Alivio, Doble Bofetón, Amortiguador, Ofrenda, Reducción, Derribo, Canto, Lanzamiento, Pulso Cura, Bomba Huevo, Pantalla de Luz, Deseo Cura

A muchos otros Pokémon les encantan los huevos de Chansey, que están llenos de nutrientes y son muy sabrosos. Chansey se mueve rápido y puede ser difícil de encontrar, por lo que atrapar uno es excepcional.

EVOLUCIÓN

Happiny → Chansey → Blissey

CHARJABUG

Pokémon Batería

Pronunciación:
CHAR-ya-bag

Tipo:
Bicho-Eléctrico   **Altura:** 0,5 m   **Peso:** 10,5 kg

Movimientos: Carga, Agarre, Disparo Demora, Bofetón Lodo, Mordisco, Picadura, Chispa, Acróbata, Triturar, Tijera X, Excavar, Chispazo, Defensa Férrea

Cuando Charjabug descompone los alimentos para obtener energía, parte de esa energía se almacena como electricidad en de su cuerpo. ¡Cualquier Entrenador al que le guste acampar apreciará a este Pokémon!

EVOLUCIÓN

Grubbin → Charjabug → Vikavolt

CHINCHOU

Pokémon Rape

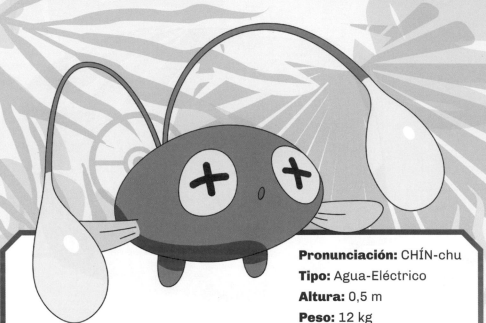

Pronunciación: CHÍN-chu

Tipo: Agua-Eléctrico

Altura: 0,5 m

Peso: 12 kg

Movimientos: Burbuja, Supersónico, Onda Trueno, Onda Trueno, Pistola Agua, Rayo Confuso, Rayo Burbuja, Chispa, Doble Rayo, Azote, Chispazo, Derribo, Acua Aro, Hidrobomba, Cortina Plasma, Carga

Hace mucho tiempo, dos de las aletas de Chinchou se convirtieron en antenas, que brillan con fuerza para comunicarse con otros, o para iluminar su camino en las profundidades del océano donde vive. También las usa para lanzar un Chispazo, una descarga eléctrica.

EVOLUCIÓN

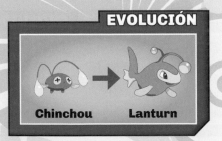

Chinchou → **Lanturn**

CLEFABLE

Pokémon Hada

Pronunciación:
kle-FÉI-bol

Tipo: Hada

Altura: 1,3 m

Peso: 40 kg

Movimientos: Foco,
Voz Cautivadora, Canto,
Doble Bofetón, Reducción,
Metrónomo

Clefable generalmente permanece oculto, viviendo en las montañas lejos de los seres humanos. La tradición dice que cualquiera que vea a dos Clefable retozando juntos tendrá un matrimonio feliz.

EVOLUCIÓN

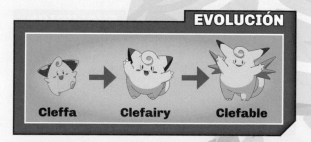

Cleffa → Clefairy → Clefable

CLEFAIRY

Pokémon Hada

Pronunciación:
kle-FÉI-ri

Tipo: Hada

Altura: 0,6 m

Peso: 7,5 kg

Movimientos: Foco, Voz Cautivadora, Destructor, Gruñido, Otra Vez, Canto, Doble Bofetón, Rizo Defensa, Señuelo, Ofrenda, Espabila, Reducción, Poder Reserva, Metrónomo, Masa Cósmica, Conjuro, Golpe Cuerpo, Luz Lunar, Fuerza Lunar, Gravedad, Puño Meteoro, Deseo Cura, Cede Paso

¿A quién no le gusta Clefairy? Personas de todas las edades piensan que son adorables, aunque pueden ser difíciles de encontrar. Cuando bailan bajo la luna llena, una extraña fuerza magnética rodea el área.

EVOLUCIÓN

Cleffa → Clefairy → Clefable

CLEFFA

Pokémon Estrellada

Pronunciación:
KLÉ-fa

Tipo: Hada

Altura: 0,3 m

Peso: 3 kg

Movimientos: Destructor, Encanto, Otra Vez, Canto, Beso Dulce, Copión, Hoja Mágica

A los Cleffa que viven en la región de Alola les gusta el Minior. Cuando las estrellas fugaces surcan el cielo nocturno, se puede encontrar a Cleffa contempándolas con atención. Con su silueta de cinco puntas, se dice que es una estrella renacida.

EVOLUCIÓN

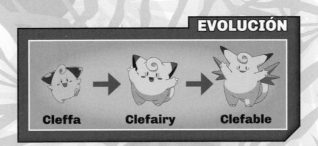

Cleffa → Clefairy → Clefable

CLOYSTER

Pokémon Bibalvo

Pronunciación:
KLÓIS-ter

Tipo: Agua-Hielo

Altura: 1,5 m

Peso: 132,5 kg

Movimientos: Hidrobomba, Rompecoraza, Púas Tóxicas, Refugio, Supersónico, Protección, Rayo Aurora, Clavo Cañón, Púas, Chuzos

Los antiguos usaban las púas de las conchas Cloyster para hacer lanzas. Su caparazón es lo bastante fuerte como para resistir el estallido de una bomba, por lo que lo que acecha en el interior sigue siendo un misterio.

EVOLUCIÓN

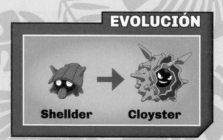

Shellder → Cloyster

CÓDIGO CERO

Pokémon Multigénico

Pronunciación:
KÓ-di-go-ZÉ-ro

Tipo: Normal

Altura:
1,9 m

Peso:
120,5 kg

Movimientos: Placaje, Furia, Persecución, Cerca, Golpe Aéreo, Garra Brutal, Cara Susto, Tijera X, Derribo, Eco Metálico, Cabeza de Hierro, Doble Golpe, Tajo Aéreo, Castigo, Viento Cortante, Triataque, Doble Filo, Anticura

Pokémon Legendario

El Pokémon sintético conocido como Código Cero usa una pesada máscara para mantener su poder bajo control. Algunos temen que sin la máscara, perdería el control de sus poderes y se lanzaría a una furiosa destrucción.

EVOLUCIÓN

Código Cero → Silvally

COMFEY

Pokémon Recogeflores

Pronunciación:
KÁM-fei

Tipo: Hada

Altura: 0,1 m

Peso: 0,3 kg

Movimientos:
Refuerzo, Látigo Cepa, Defensa Floral, Drenadoras, Beso Drenaje, Hoja Mágica, Desarrollo, Constricción, Beso Dulce, Don Natural, Tormenta Floral, Síntesis, Dulce Aroma, Hierba Lazo, Cura Floral, Danza Pétalo, Aromaterapia, Campo de Hierba, Carantoña

Comfey recoge flores y las une a su tallo, donde crecen y liberan una fragancia calmante. Agregar estas flores al agua convierte el baño en muy relajante.

EVOLUCIÓN
No evoluciona.

CORSOLA

Pokémon Coral

Pronunciación:
kor-SÓ-la

Tipo: Agua-Roca

Altura: 0,6 m

Peso: 5 kg

Movimientos: Placaje, Fortaleza, Burbuja, Recuperación, Rayo Burbuja, Alivio, Poder Pasado, Clavo Cañón, Conjuro, Salmuera, Defensa Férrea, Pedrada, Aguante, Acua Aro, Joya de Luz, Manto Espejo, Tierra Viva, Azote

Las ramas de coral en la cabeza de Corsola son bastante frágiles y a menudo se rompen, pero son después de unos días de regeneración volverán a estar como nuevas. Corsola a veces rompe sus propias ramas para usarlas como pista falsa cuando es perseguido.

EVOLUCIÓN
No evoluciona.

COSMOEM

Pokémon Protoestrella

Pokémon Legendario

Pronunciación:
KÓS-mo-em

Tipo: Psíquico

Altura: 0,1 m

Peso: 999.9 kg

Movimientos: Masa Cósmica, Teletransporte

Cosmoem nunca se mueve, irradiando un suave calor conforme se desarrolla dentro de la cáscara dura que lo rodea. Hace mucho tiempo, la gente lo llamaban el capullo de las estrellas, y algunos todavía creen que sus orígenes se encuentran en otro mundo.

EVOLUCIÓN

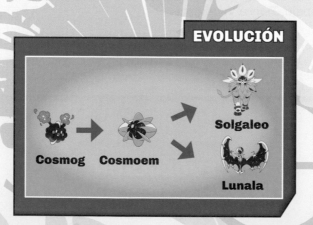

Cosmog → Cosmoem → Solgaleo / Lunala

COSMOG

Pokémon Nebulosa

Pokémon Legendario

Pronunciación: KÓS-mog

Tipo: Psíquico

Altura: 0,2 m

Peso: 0,1 kg

Movimientos:
Salpicadura,
Teletransporte

Según distintos informes, Cosmog llegó a la región de Alola desde otro mundo, aunque sus orígenes son bastante misteriosos. Conocido como la cría de las estrellas, crece al recoger el polvo de la atmósfera.

EVOLUCIÓN

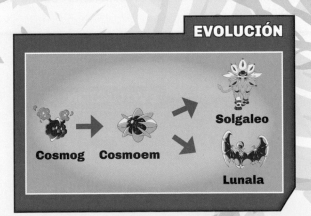

Cosmog → Cosmoem → Solgaleo / Lunala

COTTONEE

Pokémon Bolaalgodón

Pronunciación:
CÓ-to-ni

Tipo:
Hierba-Hada

Altura: 0,3 m

Peso: 0,6 kg

Movimientos: Absorber, Viento Feérico, Desarrollo, Drenadoras, Paralizador, Megaagotar, Esporagodón, Hoja Afilada, Polvo Veneno, Gigadrenado, Encanto, Refuerzo, Energibola, Rizo Algodón, Día Soleado, Esfuerzo, Rayo Solar

Cuando se reúnen varios Cottonee, tienden a apelotonarse y agarrarse formando una gran nube de Pokémon suaves y esponjosos. Esas reuniones a menudo dejan acumulaciones de material algodonoso que produce un excelente relleno para almohadas y colchones.

EVOLUCIÓN

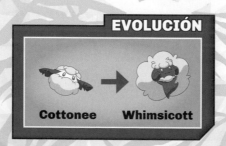

Cottonee → Whimsicott

CRABOMINABLE

Pokémon Cangrejopelo

Pronunciación:
kra-BÓ-mi-na-bol

Tipo: Lucha-Hielo

Altura: 1,7 m   **Peso:** 180 kg

Movimientos: Puño Hielo, Burbuja, Golpe Roca, Malicioso, Persecución, Rayo Burbuja, Puño Incremento, Puño Mareo, Alud, Inversión, Martillo Hielo, Defensa Férrea, Puño Dinámico, A Bocajarro

Cubierto de cálido pelaje, Crabominable evolucionó a partir de Crabrawler se tomaron de forma muy literal su objetivo de llegar a lo más alto y se encontraron en la cima de las montañas heladas. Pueden separar sus pinzas y lanzarlas contra sus rivales.

EVOLUCIÓN

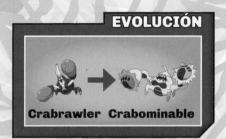

Crabrawler → Crabominable

CRABRAWLER

Pokémon Púgil

Pronunciación:
kra-BRÁU-lar

Tipo: Lucha

Altura: 0,6 m

Peso: 7 kg

Movimientos: Burbuja, Golpe Roca, Malicioso, Persecución, Rayo Burbuja, Puño Incremento, Puño Mareo, Vendetta, Inversión, Martillazo, Defensa Férrea, Puño Dinámico, A Bocajarro

Crabrawler siempre está buscando una pelea, y lo cierto es que además detesta perder. A veces, hasta se le llegan a caen las pinzas de lo mucho que las usa para golpear y golpear. Afortunadamente, vuelven a crecerle rápidamente.

EVOLUCIÓN

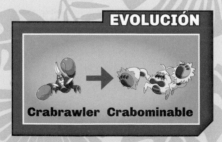

Crabrawler Crabominable

CRANIDOS

Pokémon Cabezazo

Pronunciación: KRÁ-ni-dos

Tipo: Roca

Altura: 0,9 m

Peso: 31,5 kg

Movimientos: Golpe Cabeza, Malicioso, Foco Energía, Persecución, Derribo, Cara Susto, Buena Baza, Guardia Baja, Poder Pasado, Cabezazo Zen, Chirrido, Testarazo

A menudo se encuentran árboles fosilizados, rotos por la mitad, en la misma área que los fósiles de Cranidos. Este Pokémon vivía en la jungla primitiva y también usaba su poderoso Golpe Cabeza para luchar contra su rival, Aerodactyl.

EVOLUCIÓN

Cranidos → Rampardos

CROBAT

Pokémon Murciélago

Pronunciación: KRÓ-bat

Tipo: Veneno-Volador

Altura: 1,8 m

Peso: 75 kg

Movimientos:
Veneno X, Chirrido, Absorber, Supersónico, Impresionar, Mordisco, Ataque Ala, Rayo Confuso, Aire Afilado, Rapidez, Colmillo Veneno, Mal de Ojo, Chupavidas, Niebla, Carga Tóxica, Tajo Aéreo, Anticipo

Las patas traseras de Crobat evolucionaron en un par de alas suplementarias, así que este Pokémon lo pasa mal cuando ha de posarse en tierra. En el aire, sin embargo, es un as de la velocidad y el sigilo.

EVOLUCIÓN

Zubat → Golbat → Crobat

CUBONE

Pokémon Solitario

Pronunciación:
KIÚ-boun

Tipo: Tierra

Altura: 0,4 m

Peso: 6,5 kg

Movimientos: Gruñido, Latigo, Hueso Palo, Golpe Cabeza, Malicioso, Foco Energía, Huesomerang, Furia, Falsotortazo, Golpe, Lanzamiento, Pataleta, Esfuerzo, Doble Filo, Represalia, Ataque Óseo

Cuando Cubone se apena porque ha perdido a su madre, sus gritos lastimeros a veces atraen la atención de Mandibuzz, quien desciende velozmente al ataque. Algunos piensan que aprender a controlar su pena es la única vía para que Cubone pueda evolucionar.

EVOLUCIÓN

Cubone → Marowak

CUTIEFLY

Pokémon Mosca Abeja

Pronunciación: KIÚ-ti-flai

Tipo: Bicho-Hada

Altura: 0,1 m

Peso: 0., kg

Movimientos: Absorber, Viento Feérico, Paralizador, Estoicismo, Viento Plata, Beso Drenaje, Dulce Aroma, Zumbido, Brillo Mágico, Aromaterapia, Danza Aleteo

Cutiefly puede sentir el aura de las flores y estimar cuando están listas para florecer, por lo que siempre sabe dónde encontrar el néctar fresco. Si te das cuenta de que un enjambre de estos Pokémon te sigue, ¡podrías tener un aura floral!

EVOLUCIÓN

Cutiefly → Ribombee

DARTRIX

Pokémon Pluma Filo

Pronunciación:
DÁR-triks

Tipo:
Hierba-Volador

**Altura:** 0,7 m

Peso: 16 kg

Movimientos:
Placaje, Follaje,
Gruñido, Picotazo, Impresionar, Hoja Afilada, Profecía, Picoteo,
Síntesis, Ataque Furia, Golpe Bajo, Hoja Aguda, Danza Pluma, Pájaro
Osado, Maquinación

Dartrix es muy cuidadoso con su apariencia y pasa mucho tiempo
manteniendo sus alas limpias. Puede lanzar plumas de bordes
afilados, conocidas como púas de hoja, con gran precisión.

EVOLUCIÓN

Rowlet → Dartrix → Decidueye

DECIDUEYE

Pokémon Quill Pokémon

Pronunciación: de-zi-DUÁI

Tipo: Hierba-Fantasma

Altura: 1.6 m

Peso: 36,6 kg

Movimientos: Puntada Sombría, Ida y Vuelta, Placaje, Follaje, Gruñido, Picotazo, Impresionar, Hoja Afilada, Foresight, Picoteo, Síntesis, Ataque Furia, Golpe Bajo, Hoja Aguda, Danza Pluma, Pájaro Osado, Maquinación

Un tirador natural, Decidueye puede disparar sus flechas con sorprendente precisión, golpeando a un pequeño objetivo a cien metros de distancia. Tiende a estar tranquilo y concentrado, pero si se toma por sorpresaa veces se aturulla.

EVOLUCIÓN

Rowlet → **Dartrix** → **Decidueye**

DELIBIRD

Pokémon Reparto

Pronunciación:
DÉ-li-berd

Tipo:
Hielo-Volador

Altura: 0,9 m

Peso: 16 kg

Movimientos: Presente,
Pico Taladro

Aunque los Delibird generalmente viven en climas muy fríos, parecen tolerar bastante bien el calor tropical de Alola. La mayor parte de su tiempo lo dedican a tratar de acumular grandes cantidades de alimentos, que luego comparten con otros.

EVOLUCIÓN

No evoluciona.

DEWPIDER

Pokémon Pompa

Pronunciación:
diu-PÁI-der

Tipo: Agua-Bicho

Altura: 0,3 m

Peso: 4 kg

Movimientos: Hidrochorro, Burbuja, Acoso, Telaraña, Picadura, Rayo Burbuja, Mordisco, Acua Aro, Chupavidas, Triturar, Plancha, Manto Espejo, Hidroariete, Danza Amiga

Mayormente acuático, Dewpider lleva consigo un "casco" burbuja de agua cuando se aventura en la tierra para buscar comida. La burbuja también le da un poder extra cuando lanza su Golpe Cabeza a un oponente.

EVOLUCIÓN

Dewpider → Araquanid

DHELMISE

Pokémon Alga Ancla

Pronunciación:
del-MÁIS

Tipo:
Fantasma-Hierba

Altura: 3,9 m

Peso: 210 kg

Movimientos:
Trapicheo,
Absorber, Desarrollo,
Giro Rápido, Impresionar,
Megaagotar, Constricción,
Giro Bola, Eco Metálico,
Gigadrenado, Torbellino, Anclaje,
Bola Sombra, Energibola, Atizar,
Cuerpo Pesado, Golpe Fantasma, Latigazo

Cuando Dhelmise hace voltear su poderosa ancla, ¡incluso
el Pokémon más grande tendrá que andarse con cuidado! Va
recogiendo las algas que flotan sobre las olas y los también los
detritos del lecho marino para agregar a su cuerpo.

EVOLUCIÓN

No evoluciona.

DIGLETT (Forma de Alola)

Pokémon Topo

Pronunciación: DÍ-glet

Tipo: Tierra-Acero

Altura: 0,2 m

Peso: 1 kg

Movimientos:
Ataque Arena, Garra Metal, Gruñido, Impresionar, Bofetón Lodo, Magnitud, Terratemblor, Golpe Bajo, Bomba Fango, Tierra Viva, Excavar, Cabeza de Hierro, Terremoto, Fisura

Diglett puede utilizar los pelos de metal que brotan de la parte superior de la cabeza para comunicarse o para sentir su entorno. Puede extender esos pelos a la superficie del suelo para asegurarse de que todo esté seguro antes de emerger.

EVOLUCIÓN

Diglett → Dugtrio

DITTO
Pokémon Transformación

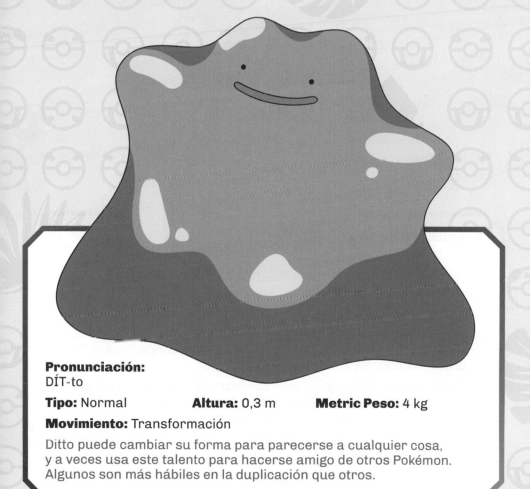

Pronunciación:
DÍT-to

Tipo: Normal   **Altura:** 0,3 m   **Metric Peso:** 4 kg

Movimiento: Transformación

Ditto puede cambiar su forma para parecerse a cualquier cosa, y a veces usa este talento para hacerse amigo de otros Pokémon. Algunos son más hábiles en la duplicación que otros.

EVOLUCIÓN
No evoluciona.

DRAGONAIR

Pokémon Dragón

Pronunciación:
DRÁ-go-ner

Tipo: Dragón

Altura: 4 m

Peso: 16,5 kg

Movimientos: Constricción, Malicioso, Onda Trueno, Ciclón, Furia Dragón, Atizar, Agilidad, Cola Dragón, Acua Cola, Carga Dragón, Velo Sagrado, Danza Dragón, Enfado, Hiperrayo

Se rumorea que Dragonair puede cambiar el clima usando los orbes cristalinos de su cuerpo. Debido a esto, los agricultores siempre han tratado a este Pokémon con mucho respeto.

EVOLUCIÓN

| Dratini | Dragónair | Dragónite |

DRAGONITE
Pokémon Dragón

Pronunciación:
DRÁ-go-nait

Tipo:
Dragón-Volador

Altura: 2,2 m

Peso: 210 kg

Movimientos: Ataque Ala, Vendaval, Puño Fuego, Puno Trueno, Respiro, Constricción, Malicioso, Onda Trueno, Ciclón, Furia Dragón, Atizar, Agilidad, Cola Dragón, Acua Cola, Carga Dragón, Velo Sagrado, Danza Dragón, Enfado, Hiperrayo, Vendaval

Un Dragonite una vez rescató a un hombre de un naufragio y lo llevó a una isla lejana, un paraíso Dragonite. Este Pokémon tranquilo y amable es lento para enfadarse, aunque una vez provocado, su ira puede ser increíblemente destructiva.

EVOLUCIÓN

Dratini → Dragónair → Dragónite

DRAMPA

Pokémon Sosiego

Pronunciación: DRÁM-pa

Tipo: Normal-Dragón

Altura: 3 m

Peso: 185 kg

Movimientos: Camaradería, Eco Voz, Ciclón, Protección, Deslumbrar, Pantalla de Luz, Furia Dragón, Don Natural, Dragoaliento, Velo Sagrado, Paranormal, Pulso Dragón, Vuelo, Vozarrón, Enfado

Incluso los Drampa salvajes sienten auténtica debilidad por los niños. Aunque su hogar esté lejos, en las montañas, a menudo vienen a visitar la ciudad para jugar con los niños del lugar.

EVOLUCIÓN

No evoluciona.

DRATINI

Pokémon Dragón

Pronunciación:
dra-TÍ-ni

Tipo: Dragón

Altura: 1,8 m

Peso: 3,3 kg

Movimientos: Constricción, Malicioso, Onda Trueno, Ciclón, Furia Dragón, Atizar, Agilidad, Cola Dragón, Acua Cola, Carga Dragón, Velo Sagrado, Danza Dragón, Enfado, Hiperrayo

La existencia de Dratini era solo un rumor hasta que un pescador finalmente logró atrapar uno después de muchas horas de lucha en el mar. Se desprende de su piel varias veces a medida que crece, y esas mudas a veces se usan en la confección de ropa.

EVOLUCIÓN

Dratini → Dragónair → Dragónite

DRIFBLIM

Pokémon Dirigible

Pronunciación:
DRÍF-blim

Tipo: Fantasma-Volador

Altura: 1,2 m   **Peso:** 15 kg

Movimientos: Golpe Fantasma, Restricción, Reducción, Impresionar, Tornado, Foco Energía, Vendetta, Viento Aciago, Reserva, Infortunio, Tragar, Escupir, Bola Sombra, Amnesia, Relevo, Explosión

Drifblim suele volar al atardecer, formando grupos grandes. Pueden ser difíciles de rastrear incluso para un observador experto, porque incluso delante de la gente a veces desaparecen en un visto y no visto.

EVOLUCIÓN

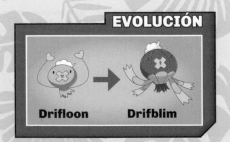

Drifloon → Drifblim

DRIFLOON

Pokémon Globo

Pronunciación: DRÍ-flun

Tipo: Fantasma-Volador

Altura: 0,4 m

Peso: 1,2 kg

Movimientos: Restricción, Reducción, Impresionar, Tornado, Foco Energía, Vendetta, Viento Aciago, Reserva, Infortunio, Tragar, Escupir, Bola Sombra, Amnesia, Relevo, Explosión

Se cuentan historias aterradoras de niños que agarraron las cuerdas colgantes de Drifloon a los que nunca más se volvió a ver. Su cuerpo flotante apenas contiene el espíritu de su interior, y cualquier pinchazo podría hacer que saliera con un chillido fantasmal.

EVOLUCIÓN

Drifloon → Drifblim

DROWZEE

Pokémon Hipnosis

Pronunciación: DRÓU-si

Tipo: Psíquico

Altura: 1 m

Peso: 32,4 kg

Movimientos: Destructor, Hipnosis, Anulación, Confusión, Gas Venenoso, Meditación, Psicorrayo, Golpe Cabeza, Más Psique, Sincrorruido, Cabezazo Zen, Contoneo, Psíquico, Maquinación, Psicocarga, Premonición

Drowzee se alimenta de los sueños y tiene un gusto especial por aquellos en los que el soñador se divierte mucho. A veces muestra sus sueños favoritos a los amigos.

EVOLUCIÓN

Drowzee → Hypno

DUGTRIO (Forma de Alola)

Pokémon Topo

Pronunciación:
dag-TRÍ-o

Tipo:
Tierra-Acero

Altura: 0,7 m

Peso: 66,6 kg

Movimientos: Bucle Arena, Fertilizante, Tajo Umbrío, Triataque, Ataque Arena, Garra Metal, Gruñido, Impresionar, Bofetón Lodo, Magnitud, Terratemblor, Golpe Bajo, Bomba Fango, Tierra Viva, Excavar, Cabeza de Hierro, Terremoto, Fisura

Aunque el pelo dorado de Dugtrio es brillante y hermoso, la gente no está dispuesta a recogerlo cuando cae, porque hay leyendas de que hacerlo trae mala suerte. En Alola, se cree que este Pokémon representa el espíritu de la tierra.

EVOLUCIÓN

Diglett → Dugtrio

EEVEE

Pokémon Evolución

Pronunciación:
Í-bi

Tipo: Normal

Altura: 0,3 m

Peso: 6,5 kg

Movimientos: Antojo, Refuerzo,
Gruñido, Placaje, Látigo, Ataque
Arena, Ojitos Tiernos, Ataque Rápido,
Mordisco, Rapidez, Alivio, Derribo, Encanto,
Relevo, Doble Filo, Última Baza, As Oculto

Según los estudios actuales, ocho Pokémon diferentes evolucionan
a partir del increíblemente adaptativo Eevee. Su estructura genética
inestable permite esta increíble diversidad en la Evolución.

EVOLUCIÓN

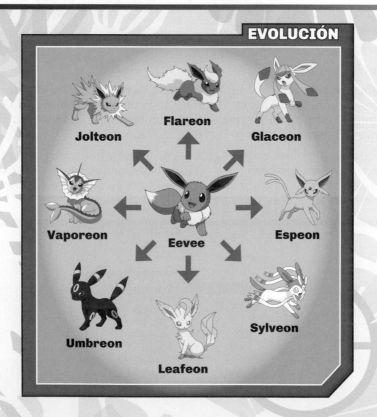

Jolteon

Flareon

Glaceon

Vaporeon

Eevee

Espeon

Umbreon

Leafeon

Sylveon

ELECTABUZZ

Pokémon Eléctrico

Pronunciación:
e-LÉK-ta-bas

Tipo: Eléctrico

Altura: 1,1 m

Peso: 30 kg

Movimientos:
Ataque Rápido, Malicioso, Impactrueno, Patada Baja, Rapidez, Onda Voltio, Onda Trueno, Bola Voltio, Pantalla de Luz, Puño Trueno, Chispazo, Chirrido, Rayo, Trueno

Electabuzz consume electricidad, pero no es muy bueno para retener la energía dentro de su cuerpo; constantemente tiene escapes de corriente eléctrica. Si se va la luz en un día tranquilo y soleado, es probable que sea culpa de Electabuzz.

EVOLUCIÓN

Elekid → Electabuzz → Electivire

ELECTIVIRE

Pokémon Rayo

Pronunciación:
e-LÉC-ti-BÁIR

Tipo: Eléctrico

Altura: 1,8 m

Peso: 138,6 kg

Movimientos: Campo Eléctrico, Cortina Plasma, Puño Fuego, Ataque Rápido, Malicioso, Impactrueno, Patada Baja, Rapidez, Onda Voltio, Onda Trueno, Bola Voltio, Pantalla de Luz, Puño Trueno, Chispazo, Chirrido, Rayo, Trueno, Giga Impacto, Campo Eléctrico

Cuando Electivire golpea excitadamente su pecho, se produce un sonido parecido al del trueno y una auténtica lluvida de chispas eléctricas. Puede además provocar un choque eléctrico intenso al presionar las puntas de sus dos colas contra su rival.

EVOLUCIÓN

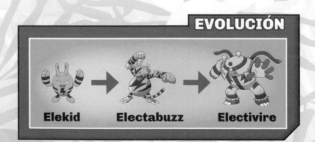

Elekid → Electabuzz → Electivire

ELEKID

Pokémon Eléctrico

Pronunciación: É-le-kid

Tipo: Eléctrico

Altura: 0,6 m

Peso: 23,5 kg

Movimientos: Ataque Rápido, Malicioso, Impactrueno, Patada Baja, Rapidez, Onda Voltio, Onda Trueno, Bola Voltio, Pantalla de Luz, Puño Trueno, Chispazo, Chirrido, Rayo, Trueno

Un Elekid que viva con su Entrenador puede alimentarse de electricidad directamente desde los enchufes de la casa. Estos Pokémon han desarrollado una rivalidad con Togedemaru, quienes siempre intentan aprovecharse de su electricidad.

EVOLUCIÓN

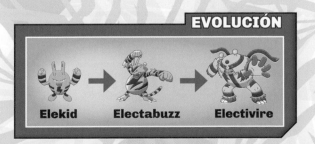

Elekid → Electabuzz → Electivire

EMOLGA
Pokémon Vuelardilla

Pronunciación:
e-MÓL-ga

Tipo: Eléctrico-Volador

Altura: 0,4 m

Peso: 5 kg

Movimientos: Impactrueno, Ataque Rápido, Látigo, Carga, Chispa, Moflete Estático, Persecución, Doble Equipo, Onda Voltio, Bola Voltio, Acróbata, Pantalla de Luz, Otra Vez, Voltiocambio, Agilidad, Chispazo

Cuando Emolga estira sus extremidades, la membrana que las conecta se extiende como si fuera una capa, lo que le permite planear por el aire. Los agujeros que Pikipek perfora en los árboles forman prácticos nidos para los Emolga salvajes.

EVOLUCIÓN

No evoluciona.

ESPEON

Pokémon Sol

Pronunciación:
ÉS-pe-on

Tipo: Psíquico

Altura: 0,9 m

Peso: 26,5 kg

Movimientos:
Confusión,
Refuerzo, Placaje, Látigo, Ataque Arena, Ojitos
Tiernos, Ataque Rápido, Rapidez, Psicorrayo,
Premonición, Más Psique, Sol Matinal, Psíquico, Última Baza,
Cambia Fuerza

Espeon no tiene que ver a su oponente para detectar sus
movimientos: su fino pelaje recoge incluso el más mínimo cambio
en las corrientes de aire. Si el orbe en su frente se oscurece, eso
significa que su poder psíquico se ha agotado temporalmente.

EVOLUCIÓN

Eevee → Espeon

Pronunciación:
ÉK-se-kiut

Tipo:
Hierba-Psíquico

Altura: 0,4 m   **Peso:** 2,5 kg

Movimientos: Presa, Alboroto, Hipnosis, Reflejo, Drenadoras, Recurrente, Paralizador, Polvo Veneno, Somnífero, Confusión, Abatidoras, Don Natural, Rayo Solar, Paranormal, Ofrenda

Cada Exeggcute se compone de seis huevos distintos, que se comunican entre sí mediante telepatía. Crabrawler a veces busca a este Pokémon con la intención de pelear, pero en realidad no puede hacer frente a los poderes psíquicos de Exeggcute.

EVOLUCIÓN

Exeggcute → Exeggutor

EXEGGUTOR (Forma de Alola)

Pokémon Coco

Pronunciación:
ek-SÉ-kiu-tor

Tipo: Hierba-Dragón

Altura: 10,9 m

Peso: 415,6 kg

Movimientos: Martillo Dragón, Bomba Germen, Presa, Hipnosis, Confusión, Psicocarga, Bomba Huevo, Mazazo, Lluevehojas

En el sol y la arena tropical, Exeggutor crece excepcionalmente alto, desbloqueando los poderes de tipo Dragón escondidos en lo profundo de su ser. Los entrenadores en Alola están orgullosos del árbol Exeggutor y consideran que esta es su forma ideal.

EVOLUCIÓN

Exeggcute → Exeggutor

FEAROW

Pokémon Pico

Pronunciación:
FÍ-rou

Tipo:
Normal-Volador

Altura: 1,2 m

Peso: 38 kg

Movimientos: Taladradora, Picoteo, Picotazo, Gruñido, Malicioso, Persecución, Ataque Furia, Golpe Aéreo, Movimiento Espejo, Buena Baza, Agilidad, Foco Energía, Respiro, Pico Taladro

No está claro cuánto tiempo ha vivido Fearow, pero algunas ilustraciones antiguas ya parecen representar a este Pokémon de largo pico. Sus incansables alas le permiten volar durante todo el día, incluso cuando lleva alguna pesada carga.

EVOLUCIÓN

Spearow → Fearow

FEEBAS

Pokémon Pez

Pronunciación:
FÍ-bas

Tipo: Agua

Altura: 0,6 m.

Peso: 7,4 kg

Movimientos:
Salpicadura,
Placaje, Azote

El desaliñado Feebas
no ganará ningún concurso de belleza,
pero es un Pokémon muy duro, que puede
vivir feliz incluso en aguas sucias. Los investigadores están tratando
de descubrir qué lo hace tan resistente.

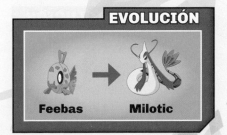

EVOLUCIÓN

Feebas → Milotic

FINNEON

Pokémon Pez Ala

Pronunciación: FÍ-neon

Tipo: Agua

Altura: 0,4 m

Peso: 7 kg

Movimientos: Destructor, Pistola Agua, Atracción, Danza Lluvia, Tornado, Hidropulso, Seducción, Velo Sagrado, Acua Aro, Torbellino, Ida y Vuelta, Bote, Viento Plata, Anegar

Con sus colas gemelas, Finneon es capaz de saltar muy alto fuera del agua para absorber al máximo la luz del sol, lo que hace que las marcas rosadas en su cuerpo brillen. A veces, algún Wingull cercano se da cuenta y se lanza hacia abajo para atacar.

EVOLUCIÓN

Finneon → Lumineon

FLAREON

Pokémon Llama

Pronunciación:
FLÁ-reon

Tipo: Fuego

Altura: 0,9 m   **Peso:** 25 kg

Movimientos: Ascuas, Refuerzo,
Placaje, Látigo, Ataque Arena, Ojitos Tiernos, Ataque Rápido,
Mordisco, Colmillo Ígneo, Giro Fuego, Cara Susto, Polución,
Humareda, Última Baza, Envite Ígneo

Flareon prefiere tostar bayas con su aliento de fuego antes
de comerlas. La temperatura promedia de su cuerpo supera incluso
los 815 grados centígrados, ¡y el saco donde guarda sus llamas es
dos veces más caliente!

EVOLUCIÓN

Eevee   Flareon

FLETCHINDER

Pokémon Lumbre

Pronunciación:
FLÉT-chin-der

Tipo:
Fuego-Volador

Altura: 0,7 m

Peso: 16 kg

Movimientos: Ascuas, Placaje, Gruñido, Ataque Rápido, Picotazo, Agilidad, Azote, Respiro, Viento Cortante, Don Natural, Nitrocarga, Acróbata, Yo Primero, Viento Afín, Ala de Acero

Cada Fletchinder defidende celosamente su propio territorio y aleja a los intrusos. Las brasas llameantes que dispara desde su pico sirven para atacar, o para asar su comida a la perfección antes de comer.

EVOLUCIÓN

Fletchling → Fletchinder → Talonflame

FLETCHLING

Pokémon Petirrojo

Pronunciación: FLÉTCH-lin(g)

Tipo: Normal-Volador

Altura: 0,3 m

Peso: 1,7 kg

Movimientos: Placaje, Gruñido, Ataque Rápido, Picotazo, Agilidad, Azote, Respiro, Viento Cortante, Don Natural, Nitrocarga, Acróbata, Yo Primero, Viento Afín, Ala de Acero

Fletchling es generalmente tranquilo y amistoso, un compañero perfecto para un Entrenador principiante. Pero cuando es necesario, lucha con una determinación feroz. Con la emoción, la temperatura de su cuerpo aumenta bruscamente.

EVOLUCIÓN

Fletchling → Fletchinder → Talonflame

FLYGON

Pokémon Místico

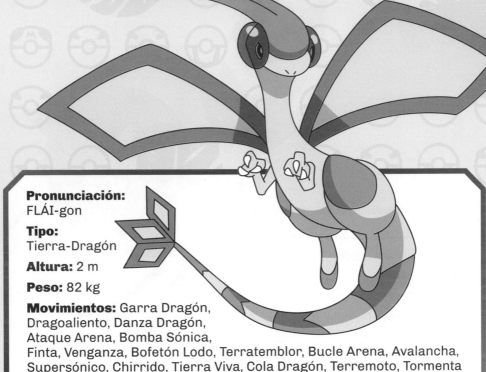

Pronunciación:
FLÁI-gon

Tipo:
Tierra-Dragón

Altura: 2 m

Peso: 82 kg

Movimientos: Garra Dragón, Dragoaliento, Danza Dragón, Ataque Arena, Bomba Sónica, Finta, Venganza, Bofetón Lodo, Terratemblor, Bucle Arena, Avalancha, Supersónico, Chirrido, Tierra Viva, Cola Dragón, Terremoto, Tormenta Arena, Alboroto, Hiperrayo, Carga Dragón

Ver un Flygon es poco frecuente, pero a veces se le puede escuchar en el desierto: cuando bate sus alas, las vibraciones emiten un sonido como de canto. Eso levanta tormentas de arena que le sirven para esconderse y desconcertar a sus oponentes.

EVOLUCIÓN

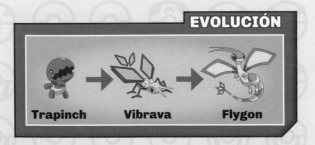

Trapinch   Vibrava   Flygon

FOMANTIS

Pokémon Filo Hojas

Pronunciación: fo-MÁN-tis

Tipo: Hierba

Altura: 0,3 m

Peso: 1,5 kg

Movimientos: Corte Furia, Follaje, Hoja Afilada, Desarrollo, Arraigo, Hoja Aguda, Síntesis, Cuchillada, Dulce Aroma, Rayo Solar, Día Soleado

Fomantis duerme todo el día, disfrutando del calor del sol. El aroma que desprende a veces atrae a Cutiefly a su escondite. Durante la noche, busca un lugar seguro donde pueda dormir el día siguiente.

EVOLUCIÓN

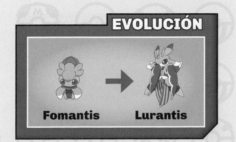

Fomantis → Lurantis

FROSLASS

Pokémon Tierra Fría

Pronunciación: FRÓS-las

Tipo: Hielo-Fantasma

Altura: 1,3 m

Peso: 26,6 kg

Movimientos: Viento Aciago, Mismo Destino, Nieve Polvo, Malicioso, Doble Equipo, Canto Helado, Viento Hielo, Impresionar, Beso Drenaje, Fuego Fatuo, Rayo Confuso, Espabila, Seducción, Bola Sombra, Ventisca, Granizo

Parece ser que la primera Froslass nació cuando una mujer se perdió mientras exploraba las montañas nevadas. Pudiera ser que las estatuas congeladas que decoran su guarida helada no sean realmente estatuas....

EVOLUCIÓN

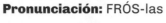

Snorunt → Froslass

GABITE

Pokémon Cueva

Pronunciación:
ga-BÁIT

Tipo:
Dragón-Tierra

Altura: 1,4 m

Peso: 56 kg

Movimientos: Golpe Bis, Placaje, Ataque Arena, Furia Dragón, Tormenta Arena, Derribo, Bucle Arena, Cuchillada, Garra Dragón, Excavar, Carga Dragón

Gabite no muda con frecuencia, por lo que sus escamas desechadas no son fáciles de encontrar, aunque son un valioso ingrediente medicinal. Atesora cosas brillantes, incluido Carbink, en la cueva donde vive.

EVOLUCIÓN

Gible → Gabite → Garchomp

GARBODOR

Pokémon Vertedero

Pronunciación:
gar-BÓ-dor

Tipo: Veneno

Altura: 1,9 m

Peso: 107,3 kg

Movimientos:
Destructor, Gas Venenoso, Reciclaje, Púas Tóxicas, Bomba Ácida, Doble Bofetón, Residuos, Reserva, Tragar, Golpe Cuerpo, Bomba Lodo, Niebla Clara, Tóxico, Amnesia, Eructo, Lanza Mugre, Explosión

En tiempos los Garbodor fueron comunes en Alola, pero desde que se buscaron Grimer para enfrentarse a un problema de contaminación, la competencia por la misma fuente alimenticia ha reducido el número de ejemplares. El líquido que disparan desde sus brazos es tóxico.

EVOLUCIÓN

Trubbish → Garbodor

GARCHOMP

Pokémon Mach

Pronunciación:
gar-CHÓMP

Tipo: Dragón-Tierra

Altura: 1,9 m

Peso: 95 kg

Movimientos: Triturar, Golpe Dis, Colmillo Ígneo, Placaje, Ataque Arena, Furia Dragón, Tormenta Arena, Derribo, Bucle Arena, Cuchillada, Garra Dragón, Excavar, Carga Dragón

Garchomp podría ganar una carrera contra un avión a reacción cuando avanza disparado por los cielos. Algunos Pokémon voladores han descubierto que una colisión con un Garchomp moviéndose a gran velocidad puede resultar extremadamente peligroso.

EVOLUCIÓN

Gible → Gabite → Garchomp

GASTLY

Pokémon Gas

Pronunciación: GÁS-tli

Tipo: Fantasma-Veneno

Altura: 1,3 m

Peso: 0,1 kg

Movimientos: Hipnosis, Lengüetazo, Rencor, Mal de Ojo, Maldición, Tinieblas, Rayo Confuso, Golpe Bajo, Vendetta, Bola Sombra, Come Sueños, Pulso Umbrío, Mismo Destino, Infortunio, Pesadilla

A Gastly le gusta esconderse en edificios abandonados, donde su presencia a veces causa extraños papadeos de luces. Este Pokémon gaseoso es difícil de ver, pero emite un olor dulce y sorprendentemente delicado.

EVOLUCIÓN

Gastly → Haunter → Gengar

GASTRODON (MAR ESTE)

Pokémon Bolsa Marina

Pronunciación:
gas-tro-DÓN

Tipo: Agua-Tierra

Altura: 0,9 m

Peso:
29,9 kg

Movimientos:
Bofetón Lodo,
Chapoteo Lodo,
Fortaleza,
Hidropulso,
Bomba Fango,
Poder Oculto,
Danza Lluvia, Golpe Cuerpo, Agua Lodosa, Recuperación

Las variaciones de color entre Gastrodon de diferentes hábitats llevan tiempo intrigando a los científicos. Se están llevando a cabo investigaciones para descubrir qué sucede cuando un Gastrodon azul del Mar del Este se traslada a los mares occidentales.

EVOLUCIÓN

Shellos (Mar Este) → Gastrodon (Mar Este)

GASTRODON (MAR OESTE)

Pokémon Babosa Marina

Pronunciación:
gas-tro-DÓN

Tipo: Agua-Tierra

Altura: 0,9 m

Peso: 29,9 kg

Movimientos:
Bofetón Lodo,
Chapoteo Lodo,
Fortaleza, Hidropulso,
Bomba Fango,
Poder Oculto,
Danza Lluvia,Golpe Cuerpo, Agua
Lodosa, Recuperación

Si un Gastrodon del Mar del Oeste pierde una parte de su cuerpo rosado y blando, puede regenerarse. A veces sale del mar para vagar por la tierra, y nadie sabe realmente por qué.

EVOLUCIÓN

**Shellos
(Mar Oeste)** → **Gastrodon
(Mar Oeste)**

GENGAR

Pokémon Sombra

Pronunciación: GÉN-gar

Tipo: Fantasma-Veneno

Altura: 1.5 m

Peso: 40,5 kg

Movimientos: Puño Sombra,
Hipnosis, Lengüetazo, Rencor,
Mal de Ojo, Maldición, Tinieblas,
Rayo Confuso, Golpe Bajo, Vendetta, Bola Sombra, Come Sueños,
Pulso Umbrío, Mismo Destino, Infortunio, Pesadilla

La aparición repentina de un frío inexplicable puede significar
que Gengar se te está acercando. Este Pokémon parece haber
malinterpretado el concepto de "hacer amigos" y trata de buscar
espíritus afines atacando a los humanos.

EVOLUCIÓN

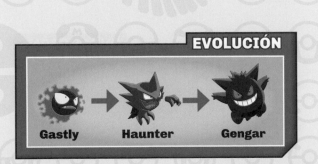

Gastly → Haunter → Gengar

GEODUDE (Forma de Alola)

Pokémon Roca

Pronunciación:
YÍ-o-dud

Tipo: Roca-Eléctrico   **Altura:** 0,4 m   **Peso:** 20,3 kg

Movimientos: Placaje, Rizo Defensa, Carga, Pulimento, Desenrollar, Chispa, Lanzarrocas, Antiaéreo, Puño Trueno, Autodestrucción, Trampa Rocas, Pedrada, Chispazo, Explosión, Doble Filo, Roca Afilada

En la región de Alola, Geodude es naturalmente magnético, y sus cuerpos a menudo están cubiertos de partículas de hierro que han atraído mientras dormían en la arena. Pisar uno puede provocar una descarga, por lo que los bañistas van con especial cuidado.

EVOLUCIÓN

Geodude → Graveler → Golem

GIBLE

Pokémon Terrascualo

Pronunciación: GÍ-bol

Tipo: Dragón-Tierra

Altura: 0,7 m

Peso: 20,5 kg

Movimientos: Placaje, Ataque Arena, Furia Dragón, Tormenta Arena, Derribo, Bucle Arena, Cuchillada, Garra Dragón, Excavar, Carga Dragón

A l os Gible les atraen las cuevas más acogedoras, calentadas gracias a la energía geotérmica. Incluso en sus cálidas cuevas, tienden a agruparse cuando el clima exterior es demasiado frío. ¡Algún paseante puede llevarse un mordisco inesperado!

EVOLUCIÓN

Gible → Gabite → Garchomp

GIGALITH

Pokémon Presurizado

Pronunciación:
GUÍ-ga-liz

Tipo: Roca

Altura: 1,7 m

Peso: 260 kg

Movimientos:
Joya de Luz,
Placaje, Fortaleza, Ataque Arena, Golpe Cabeza, Pedrada, Bofetón
Lodo, Defensa Férrea, Antiaéreo, Avalancha, Trampa Rocas, Tormenta
Arena, Roca Afilada, Explosión

En un día despejado, Gigalith puede absorber la luz solar y convertir
la energía en explosiones increíblemente poderosas. Sin embargo,
esto no funciona bajo la lluvia o al caer la noche. A menudo presta
su ayuda en las áreas de construcción.

EVOLUCIÓN

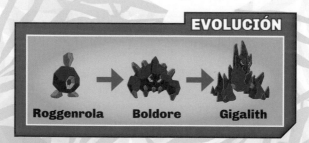

Roggenrola → Boldore → Gigalith

GLACEON

Pokémon Nieve Fresca

Pronunciación:
GLÉI-sion

Tipo: Hielo

Altura: 0,8 m

Peso: 25,9 kg

Movimientos: Viento Hielo,
Refuerzo, Placaje, Látigo,
Ataque Arena, Ojitos Tiernos,
Ataque Rápido, Mordisco,
Colmillo Hielo, Canto Helado, Barrera,
Manto Espejo, Granizo, Última Baza, Ventisca

El helado Glaceon tiene un control increíble sobre la temperatura
de su cuerpo. Puede congelar su propia piel y luego cargar contra
un oponente con los carámbanos puntiagudos que resultan.

EVOLUCIÓN

Eevee → Glaceon

GLALIE

Pokémon Cara

Pronunciación:
GLÉI-li

Tipo: Hielo

Altura: 1,5 m

Peso: 256,5 kg

Movimientos: Liofilización, Frío Polar, Nieve Polvo, Malicioso, Doble Equipo, Canto Helado, Viento Hielo, Mordisco, Colmillo Hielo, Golpe Cabeza, Protección, Vaho Gélido, Triturar, Ventisca, Granizo

Cuando Glalie exhala aire helado por su boca abierta, puede congelar instantáneamente a su oponente. Al parecer, surgió de una roca en la ladera de una montaña absorbiendo la desesperación de un escalador perdido en el frío.

EVOLUCIÓN

Snorunt → Glalie

GOLBAT

Pokémon Murciélago

Pronunciación:
GÓL-bat

Tipo:
Veneno-Volador

Altura: 1,6 m

Peso: 55 kg

Movimientos:
Chirrido, Absorber,
Supersónico, Impresionar, Mordisco,
Ataque Ala, Rayo Confuso, Aire Afilado, Rapidez, Colmillo Veneno,
Mal de Ojo, Chupavidas, Niebla, Carga Tóxica, Tajo Aéreo, Anticipo

Los colmillos de Golbat son huecos, lo que le permite chupar sangre en sus comidas de forma más eficiente. Sin embargo, esta misma característica puede causarle problemas: a veces come tanto que luego tiene problemas para volar.

EVOLUCIÓN

Zubat → Golbat → Crobat

GOLDEEN

Pokémon Pez Color

Pronunciación:
gol-DÍN

Tipo: Agua

Altura: 0,6 m

Peso: 15 kg

Movimientos: Picotazo, Látigo, Hidrochorro, Supersónico, Cornada, Azote, Hidropulso, Acua Aro, Ataque Furia, Cascada, Perforador, Agilidad, Anegar, Megacuerno

Ver un banco de Goldeen nadar corriente arriba trae alegría a cualquiera que estuviera ansioso por el regreso de la primavera. Algunos Entrenadores son tan fans que ignoran a otros Pokémon y dedican todo su tiempo solo a Goldeen.

EVOLUCIÓN

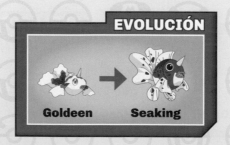

Goldeen → Seaking

GOLDUCK

Pokémon Pato

Pronunciación:
GÓL-dak

Tipo: Agua

Altura: 1,7 m

Peso: 76,6 kg

Movimientos:
Yo Primero,
Acua Jet,
Hidrochorro,
Arañazo, Látigo,
Pistola Agua, Anulación, Confusión, Golpes Furia, Hidropulso,
Chirrido, Cabezazo Zen, Acua Cola, Anegar, Más Psique, Amnesia,
Hidrobomba, Zona Extraña

La gente pensaba que podían obtener misteriosos poderes tomando
el orbe rojo de la frente de Golduck. Siempre está atento a los
Pokémon submarinos mientras patrulla cerca del borde de su lago.

EVOLUCIÓN

Psyduck → Golduck

GOLEM (Forma de Alola)
Pokémon Megatón

Pronunciación: GÓ-lem

Tipo: Roca-Eléctrico

Altura: 1,7 m

Peso: 316 kg

Movimientos: Cuerpo Pesado, Placaje, Rizo Defensa, Carga, Pulimento, Rodillo de Púas, Chispa, Lanzarrocas, Antiaéreo, Puño Trueno, Autodestrucción, Trampa Rocas, Pedrada, Chispazo, Explosión, Doble Filo, Roca Afilada

Las rocas que Golem dispara desde su espalda tienen una fuerte carga eléctrica, por lo que incluso un golpe de refilón puede causar un poderoso shock. Algunas veces usa un Geodude para dispararlo.

EVOLUCIÓN

Geodude   Graveler   Golem

GOLISOPOD

Pokémon Blindaje

Pronunciación:
go-LÍ-so-pod

Tipo: Bicho-Agua

Altura: 2 m

Peso: 108 kg

Movimientos: Escaramuza, Estoicismo, Ataque Arena, Corte Furia, Golpe Roca, Picadura, Rencor, Danza Espada, Cuchillada, Concha Filo, Golpe Bajo, Defensa Férrea, Pin Misil, Hidroariete

Cuando Golisopod tiene que combatir, sus seis brazos con garras afiladas están a la altura de la tarea. La mayoría de las veces, sin embargo, vive tranquilamente en cuevas submarinas, donde medita y evita cualquier conflicto.

EVOLUCIÓN

Wimpod → **Golisopod**

GOODRA

Pokémon Dragón

Pronunciación: GÚ-dra

Tipo: Dragón

Altura: 2 m

Peso: 150,5 kg

Movimientos: Acua Cola, Enfado, Amago, Placaje, Burbuja, Absorber, Protección, Venganza, Dragoaliento, Danza Lluvia, Azote, Golpe Cuerpo, Agua Lodosa, Pulso Dragón, Latigazo

A Goodra le encanta hacer amigos y se pone muy triste cuando está solo mucho tiempo. Cuando alguien le intimida, este Pokémon tan dócil entra en modo de combate, agitando su fuerte cola y sus cuernos.

EVOLUCIÓN

Goomy → Sliggoo → Goodra

GOOMY

Pokémon Molusco

Pronunciación:
GÚ-mi

TIpo: Dragón

Altura: 0,3 m

Peso: 2,8 kg

Movimientos: Placaje, Burbuja, Absorber, Protección, Venganza, Dragoaliento, Danza Lluvia, Azote, Golpe Cuerpo, Agua Lodosa, Pulso Dragón

La membrana viscosa que cubre el cuerpo de Goomy le brinda protección, y en parte es porque mantiene a los demás alejados, ¡tocarla es realmente asqueroso! Permanece en la sombra para evitar que se seque.

EVOLUCIÓN

Goomy → Sliggoo → Goodra

GRANBULL

Pokémon Hada

Pronunciación:
GRÁN-bul

Tipo: Hada

Altura: 1,4 m

Peso: 48,7 kg

Movimientos:
Enfado, Colmillo
Hielo, Colmillo Ígneo,
Colmillo Rayo,
Placaje, Cara Susto,
Látigo, Encanto,
Mordisco, Lengüetazo,
Golpe Cabeza, Rugido, Furia, Carantoña, Vendetta, Triturar

Con sus enormes colmillos y su fuerte mandíbula, Granbull parece un oponente feroz, pero en realidad es muy tierno, un Pokémon tímido que muerde solo cuando es provocado. Este divertido contraste lo ha hecho popular entre los jóvenes.

EVOLUCIÓN

Snubbull → **Granbull**

GRAVELER (Forma de Alola)

Pokémon Roca

Pronunciación:
GRÁ-be-ler

Tipo: Roca-Eléctrico

Altura: 1 m   **Peso:** 110 kg

Movimientos: Placaje, Rizo Defensa, Carga, Pulimento, Desenrollar, Chispa, Lanzarrocas, Antiaéreo, Puño Trueno, Autodestrucción, Trampa Rocas, Pedrada, Chispazo, Explosión, Doble Filo, Roca Afilada

Los cristales que aparecen en el cuerpo de Graveler son el resultado de consumir dravita, un mineral especialmente sabroso. Los Graveler a menudo se enfrentan por los depósitos de dravita, chocando con un sonido como el trueno.

EVOLUCIÓN

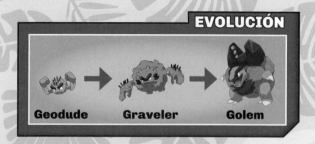

Geodude → Graveler → Golem

GRIMER (Forma de Alola)

Pokémon Lodo

Pronunciación:
GRÁI-mer

Tipo: Veneno-Siniestro

Altura: 0,7 m

Peso: 42 kg

Movimientos: Destructor, Gas Venenoso, Fortaleza, Mordisco, Anulación, Bomba Ácida, Colmillo Veneno, Reducción, Lanzamiento, Desarme, Triturar, Chirrido, Lanza Mugre, Armadura Ácida, Eructo, Legado

Grimer llegó a la región de Alola se desarrolló tras ser convocado para tratar un problema persistente de residuos. Cada cristal en su cuerpo está formado por toxinas peligrosas, y de caerse uno de ellos, esas toxinas pueden escapar.

EVOLUCIÓN

Grimer → Muk

GROWLITHE

Pokémon Perrito

Pronunciación:
GRÓU-liz

Tipo: Fuego

Altura: 0,7 m

Peso: 19 kg

Movimientos: Mordisco, Rugido, Ascuas, Malicioso, Rastreo, Refuerzo, Rueda Fuego, Inversión, Colmillo Ígneo, Derribo, Pirotecnia, Agilidad, Represalia, Lanzallamas, Triturar, Onda Ígnea, Enfado, Envite Ígneo

Si tratas de acariciar al Growlithe de otro Entrenador, descubrirás que este Pokémon no es solo una monada, sino que tiene un carácter ferozmente territorial. Es conocido por su inteligencia y lealtad.

EVOLUCIÓN

Growlithe → Arcanine

GRUBBIN
Pokémon Pupa

Pronunciación:
GRÁ-bin

Tipo: Bicho

Altura: 0,4 m   **Peso:** 4,4 kg

Movimientos: Agarre, Disparo Demora, Bofetón Lodo, Mordisco, Picadura, Chispa, Acróbata, Triturar, Tijera X, Excavar

Grubbin ha descubierto que mantenerse cerca de Pokémon de tipo Eléctrico le ofrece cierta protección contra los tipo Volador que a menudo le atacan. Con sus fuertes mandíbulas, pueden raspar la corteza de los árboles para obtener la deliciosa savia bajo ella.

EVOLUCIÓN

Grubbin → Charjabug → Vikavolt

GUMSHOOS

Pokémon Vigilante

Pronunciación:
GÁM-shus

Tipo: Normal

Altura:
0,7 m

Peso:
14,2 kg

Movimientos: Placaje, Malicioso, Persecución, Ataque Arena, Rastreo, Venganza, Mordisco, Dufetón Lodo, Superdiente, Derribo, Cara Susto, Triturar, Hipercolmillo, Bostezo, Golpe, Descanso

Gumshoos muestra una paciencia fuera de lo normal cuando está emboscado, acechando a su presa. Es un enemigo natural de Rattata, aunque en muy rara ocasión pueden interactuar, debido a que están despiertos en diferentes momentos del día.

EVOLUCIÓN

Yungoos → Gumshoos

GUZZLORD
Pokémon Tragaldabas

Ultraente

Pronunciación:
GÁS-lord

Tipo:
Siniestro-Dragón

Altura: 5,5 m

Peso: 888 kg

Movimientos: Eructo, Vastaguardia, Tragar, Reserva, Furia Dragón, Mordisco, Pisotón, Giro Vil, Rodillo de Púas, Cola Dragón, Cola Férrea, Pataleta, Triturar, Machada, Golpe, Bilis, Cuerpo Pesado, Estrujón, Carga Dragón

Guzzlord, una de las misteriosas Ultra Bestias, parece tener un apetito insaciable por casi todo: es capaz de tragarse incluso edificios y hasta las mismas montañas. Ese constante apetito puede resultar muy destructivo.

EVOLUCIÓN

No evoluciona.

GYARADOS

Pokémon Atrocidad

Pronunciación:
GIÁ-ra-dos

Tipo: Agua-Volador

Altura: 6,5 m

Peso: 235 kg

Movimientos: Mordisco, Golpe, Malicioso, Ciclón, Colmillo Hielo, Acua Cola, Cara Susto, Furia Dragón, Triturar, Hidrobomba, Danza Dragón, Vendaval, Danza Lluvia, Hiperrayo

Gyarados es increíblemente destructivo, y su mal carácter es legendario. Las historias dicen que una vez quemó toda una ciudad hasta el suelo en una noche después de que los residentes lo ofendieron de alguna manera.

EVOLUCIÓN

Magikarp → **Gyarados**

HAKAMO-O
Pokémon Escamas

Pronunciación:
ja-ka-MÓ-o

Tipo:
Dragón-Lucha

Movimientos:
Gancho Alto,
Autotomize, Placaje, Malicioso, Venganza, Protección, Cola Dragón,
Cara Susto, Golpe Cabeza, Avivar, Chirrido, Defensa Férrea,
Garra Dragón, Rugido de Guerra, Danza Dragón, Enfado

Altura: 1,2 m
Peso: 47 kg

Hakamo-o descarta regularmente sus escamas y le crecen nuevas.
Cada conjunto de escalas es más duro y afilado que el anterior. Salta
sobre sus rivales con un grito de guerra, y esas afiladas escamas
convierten sus golpes en una amenaza real.

EVOLUCIÓN

Jangmo-o   Hakamo-o   Kommo-o

HAPPINY

Pokémon Casita

Pronunciación:
ja-PÍ-ni

Tipo: Normal

Altura: 0,6 m

Peso: 24,4 kg

Movimientos:
Destructor, Encanto, Copión, Alivio, Beso Dulce

En la bolsa en su vientre, Happiny almacena cuidadosamente una piedra blanca redonda que se asemeja a un huevo. A veces ofrece esta piedra a aquellos que le caen bien.

EVOLUCIÓN

Happiny   Chansey   Blissey

HARIYAMA

Pokémon Empuje

Pronunciación:
ja-ri-YÁ-ma

Tipo: Lucha

Altura: 2,3 m

Peso: 253,8 kg

Movimientos: Salmuera, Placaje, Foco Energía, Ataque Arena, Empujón, Sorpresa, Palmeo, Remolino, Desarme, Tiro Vital, Tambor, Estímulo, Movimiento Sísmico, Espabila, Aguante, A bocajarro, Inversión, Cuerpo Pesado

Hariyama es tan fuerte que un solo golpe con su palma abierta puede hacer volar un camión. Los Hariyama más veteranos suelen usar esa fuerza para entrenar a Makuhita, en lugar de competir entre ellos.

EVOLUCIÓN

Makuhita → **Hariyama**

Pronunciación: JÁUN-ter

Tipo: Fantasma-Veneno

Movimientos: Hipnosis, Lengüotazo, Rencor, Mal de Ojo, Maldición, Tinieblas, Rayo Confuso, Golpe Bajo, Vendetta, Bola Sombra, Come Sueños, Pulso Umbrío, Mismo Destino, Infortunio, Pesadilla

Altura: 1,6 m

Peso: 0,1 kg

Ser lamido por la lengua fría de un Haunter es más que simplemente desagradable, porque ese lametón puede robarte la energía vital. Estos Pokémon viven en la oscuridad, y las luces de la ciudad pueden ahuyentarlos.

EVOLUCIÓN

Gastly → Haunter → Gengar

HERDIER

Pokémon Leal

Pronunciación:
JÉR-dier

Tipo: Normal

Altura: 0,9 m

Peso: 14,7 kg

Movimientos: Malicioso, Placaje, Rastreo, Mordisco, Refuerzo, Derribo, Avivar, Triturar, Rugido, Represalia, Inversión, Última Baza, Giga Impacto, Carantoña

El pelaje negro de Herdier es tan denso que forma una capa dura y protectora, y nunca deja de crecer. Mantener ese pelaje arreglado puede ser un desafío, pero muchos Entrenadores lo encuentran valioso porque Herdier es un aliado muy leal.

EVOLUCIÓN

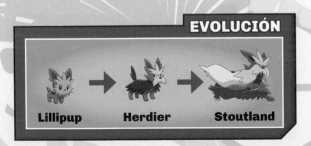

Lillipup → Herdier → Stoutland

HONCHKROW

Pokémon Gran Jefe

Pronunciación: JÓN-krou

Tipo: Siniestro-Volador

Altura: 0,9 m

Peso: 27,3 kg

Movimientos: Golpe Bajo, Impresionar, Persecución, Niebla, Ataque Ala, Contoneo, Maquinación, Juego Sucio, Tajo Umbrío, Último Lugar, Pulso Umbrío

Honchkrow mantiene un ejército de Murkrow a su entera disposición, a los que domina por intimidación. Los subordinados saben que si no mantienen a Honchkrow alimentado, no dudará en castigarlos.

EVOLUCIÓN

Murkrow → Honchkrow

HYPNO

Pokémon Hipnosis

Pronunciación:
ÍP-no

Tipo: Psíquico

Altura: 1,6 m

Peso: 75,6 kg

Movimientos: Premonición, Maquinación, Pesadilla, Trapicheo, Destructor, Hipnosis, Anulación, Confusión, Gas Venenoso, Meditación, Psicorrayo, Golpe Cabeza, Más Psique, Sincrorruido, Cabezazo Zen, Contoneo, Psíquico, Psicocarga

El hábito de Hypno de hacer dormir a todos los que encuentra para poder probar sus sueños lo convierte en un Pokémon peligroso, pero si estás agotado y tienes problemas para dormir, puede ser de ayuda.

EVOLUCIÓN

Drowzee → **Hypno**

IGGLYBUFF

Pokémon Globo

Pronunciación:
Í-gli-baf

Tipo: Normal-Hada

Altura: 0,3 m

Peso: 1 kg

Movimientos: Canto, Encanto, Rizo Defensa, Destructor, Beso Dulce, Copión

Aunque Igglybuff es una cantante entusiasta, todavía no es particularmente hábil. Sus constantes rebotes le hacen sudar, pero por suerte eso hace que huela mejor, y no peor.

EVOLUCIÓN

Igglybuff   Jigglypuff   Wigglytuff

INCINEROAR

Pokémon Rudo

Pronunciación:
in-zi-ne-RRÓ-ar

Tipo:
Fuego-Siniestro

Altura: 1,8 m

Peso: 83 kg

Movimientos: Lariat Oscuro, Corpulencia, Golpe Mordaza, Arañazo, Ascuas, Gruñido, Lengüetazo, Malicioso, Colmillo Ígneo, Rugido, Mordisco, Contoneo, Golpes Furia, Golpe, Lanzallamas, Cara Susto, Envite Ígneo, Enfado, Tajo Cruzado

Entrenar un Incineroar requiere paciencia; si no está de humor, muestra una total indiferencia por cualquier orden que se le dé. Durante el combate, lanza golpes y patadas feroces, luego arroja las llamas de su tripa en un ataque final.

EVOLUCIÓN

Litten → **Torracat** → **Incineroar**

JANGMO-O

Pokémon Escamas

Pronunciación:
yang-MÓ-o

Tipo: Dragón

Altura: 0,6 m

Peso: 29,7 kg

Movimientos: Placaje, Malicioso, Venganza, Protección, Cola Dragón, Cara Susto, Golpe Cabeza, Avivar, Chirrido, Defensa Férrea, Garra Dragón, Rugido de Guerra, Danza Dragón, Enfado

Los Jangmo-o salvajes viven en montañas remotas, lejos de la gente. Cuando golpean sus escamas juntos, ya sea en combate o para comunicarse, en las montañas retumba su sonido metálico.

EVOLUCIÓN

Jangmo-o → Hakamo-o → Kommo-o

JIGGLYPUFF
Pokémon Globo

Pronunciación: YÍ-gli-paf

Tipo: Normal-Hada

Altura: 0,5 m

Peso: 5,5 kg

Movimientos: Canto, Rizo Defensa, Destructor, Camaradería, Voz Cautivadora, Anulación, Doble Bofetón, Desenrollar, Canon, Reserva, Tragar, Escupir, Espabila, Descanso, Golpe Cuerpo, Giro Bola, Mimético, Vozarrón, Doble Filo

Como puede inflar su cuerpo como un globo, Jigglypuff tiene una increíble capacidad pulmonar. Esto le permite seguir con su misteriosa canción hasta que todos los que le escuchan se duermen.

EVOLUCIÓN

Igglybuff → Jigglypuff → Wigglytuff

JOLTEON

Pokémon Relámpago

Pronunciación:
YOL-te-on

Tipo: Eléctrico   **Altura:** 0,8 m   **Peso:** 24,5 kg

Movimientos: Impactrueno, Refuerzo, Placaje, Látigo, Ataque Arena, Ojitos Tiernos, Ataque Rápido, Doble Patada, Colmillo Rayo, Pin Misil, Agilidad, Onda Trueno, Chispazo, Última Baza, Trueno

Cuando la piel de Jolteon se erice, mejor que no te acerques demasiado, ¡puede que esté a punto de lanzar un rayo! Hacerse amigo de este Pokémon puede resultar muy difícil debido a su carácter nervioso.

EVOLUCIÓN

Eevee → Jolteon

KADABRA
Pokémon Psi

Pronunciación:
ka-DÁ-bra

Tipo: Psíquico

Altura: 1,3 m

Peso: 56,5 kg

Movimientos: Kinético, Teletransporte, Confusión, Anulación, Psicorrayo, Gran Ojo, Reflejo, Psicocorte, Recuperación, Telequinesis, Cambio Banda, Psíquico, Imitación, Premonición, Truco

Cuando Kadabra está cerca, sus fuertes poderes psíquicos pueden interferir con objetos electrónicos como monitores de ordenador o televisores. Cuando esto sucede se pueden ver sombras extrañas y espeluznantes en pantalla.

EVOLUCIÓN

Abra → Kadabra → Alakazam

134

KANGASKHAN

Pokémon Padres

Pronunciación:
KÁN-gas-kan

Tipo: Normal

Altura: 2,2 m

Peso: 80 kg

Movimientos:
Puño Cometa,
Malicioso, Sorpresa,
Látigo, Mordisco,
Doble Golpe, Furia, Megapuño, Guardia Baja, Puño Mareo, Triturar,
Aguante, Enfado, Golpe Bajo, Inversión

Kangaskhan lo arriesgará todo para proteger al pequeño de su bolsa.
Si escuchas a este Pokémon llorando, presta atención, porque cerca
un joven Kangaskhan acaba de independizarse.

EVOLUCIÓN

No evoluciona.

KARTANA

Pokémon Desenvaine

Pronunciación:
kar-TÁ-na

Tipo: Hierba-Acero

Altura: 0,3 m

Peso: 0,1 kg

Movimientos:
Espada Santa, Despejar, Onda Vacío, Aire Afilado, Corte Furia, Corte, Falsotortazo, Hoja Afilada, Síntesis, Golpe Aéreo, Aguzar, Tajo Umbrío, Danza Espada, Hoja Aguda, Tijera X, Detección, Tajo Aéreo, Psicocorte, Guillotina

Ultraente

Kartana, una de las misteriosas Ultra Bestias, puede usar todo su cuerpo afilado como si fuera un arma en combate. Su hoja es muy fuerte y lo bastante afilada como para cortar una estructura de acero de un solo tajo.

EVOLUCIÓN

No evoluciona.

KLEFKI

Pokémon Llavero

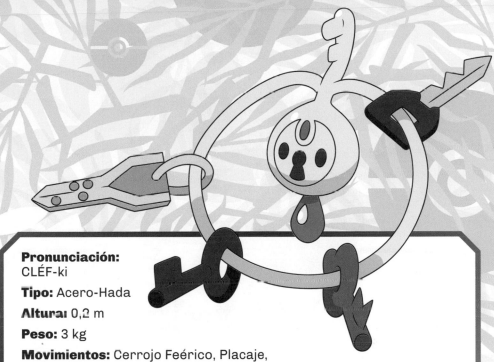

Pronunciación:
CLÉF-ki

Tipo: Acero-Hada

Altura: 0,2 m

Peso: 3 kg

Movimientos: Cerrojo Feérico, Placaje, Viento Feérico, Impresionar, Eco Metálico, Púas, Beso Drenaje, Truco Defensa, Juego Sucio, Tormento, Disparo Espejo, Cerca, Reciclaje, Carantoña, Zona Mágica, Anticura

Si pierdes constantemente tus llaves, un Klefki podría ser el culpable. A este Pokémon le encanta coleccionar llaves y, a veces, incluso se las lleva de las casas de la gente.

EVOLUCIÓN
No evoluciona.

KOMALA

Pokémon Dormitador

Pronunciación:
ko-MÁ-la

Tipo: Normal

Altura: 0,4 m

Peso: 19,9 kg

Movimientos: Rizo Defensa, Desenrollar, Reserva, Escupir, Tragar, Giro Rápido, Bostezo, Atizar, Azote, Golpe Bajo, Más Psique, Mazazo, Golpe

Komala nunca despierta, ¡nunca!, aunque a veces se mueve como si estuviera soñando. Vive en un estado permanente de somnolencia, abrazado a su precioso tronco o al brazo de su Entrenador.

EVOLUCIÓN
No evoluciona.

KOMMO-O

Pokémon Escamas

Pronunciación:
ko-MÓ-o

Tipo: Dragón-Lucha

Altura: 1,6 m

Peso: 78,2 kg

Movimientos: Fragor Escamas, Gancho Alto, Tambor, Aligerar, Placaje, Malicioso, Venganza, Protección, Cola Dragón, Cara Susto, Golpe Cabeza, Avivar, Chirrido, Defensa Férrea, Garra Dragón, Rugido de Guerra, Danza Dragón, Enfado

Hace mucho tiempo, se recogían las escamas de Kommo-o para convertidas en armas. Para este Pokémon, las escamas son ofensivas, defensivas e incluso un sistema de advertencia: cuando sacude la cola, su tintineo asusta a los oponentes más débiles.

EVOLUCIÓN

Jangmo-o → Hakamo-o → Kommo-o

KROKOROK
Pokémon Desierdrilo

Pronunciación: CRÓ-co-roc

Tipo: Tierra-Siniestro

Altura: 1 m   **Peso:** 33,4 kg

Movimientos:
Malicioso,
Furia, Mordisco, Ataque
Arena, Tormento, Bucle
Arena, Buena Baza, Bofetón
Lodo, Embargo, Contoneo,
Triturar, Excavar, Cara Susto,
Juego Sucio, Tormenta
Arena, Terremoto, Golpe

La membrana que cubre los ojos de Krokorok los protege de
la arena y le permite ver incluso en una noche oscura. Tienden
a vivir en pequeños grupos, a menudo dirigidos por una Krokorok
hembra.

EVOLUCIÓN

Sandile   **Krokorok**   **Krookodile**

KROOKODILE

Pokémon Amenazador

Pronunciación:
CRÚ-ko-dail

Tipo: Tierra-Siniestro

Altura: 1,5 m

Peso: 96,3 kg

Movimientos:
Truco Fuerza, Malicioso, Furia, Mordisco, Ataque Arena, Tormento, Bucle Arena, Buena Baza, Bofetón Lodo, Embargo, Contoneo, Triturar, Excavar, Cara Susto, Juego Sucio, Tormenta Arena, Terremoto, Enfado

Con sus fuertes mandíbulas, Krookodile puede inmovilizar a su oponente. Con sus aguda vista, puede detectar una amenaza potencial, o algo que quiere comer, desde muchos kilómetros de distancia, incluso en una furiosa tormenta de arena.

EVOLUCIÓN

Sandile → Krokorok → Krookodile

LANTURN

Pokémon Luz

Pronunciación: LÉN-turn

Altura: 1,2 m

Tipo: Agua-Eléctrico

Peso: 22,5 kg

Movimientos: Reserva, Tragar, Escupir, Onda Anómala, Burbuja, Supersónico, Onda Trueno, Bola Voltio, Pistola Agua, Rayo Confuso, Rayo Burbuja, Chispa, Doble Rayo, Azote, Chispazo, Derribo, Acua Aro, Hidrobomba, Cortina Plasma, Carga

Con la luz brillante de sus antenas, Lanturn puede cegar y aturdir a su oponente, y luego atacar con electricidad antes de que se recupere. Por la noche, se ven las luces de muchos Lanturn brillando a través del océano oscuro como si fueran estrellas.

EVOLUCIÓN

Chinchou → Lanturn

LAPRAS

Pokémon Transporte

Pronunciación: LÁ-pras

Tipo: Agua-Hielo

Altura: 2,5 m

Peso: 220 kg

Movimientos: Canto, Gruñido, Pistola Agua, Neblina, Rayo Confuso, Canto Helado, Hidropulso, Golpe Cuerpo, Danza Lluvia, Canto Mortal, Rayo Hielo, Salmuera, Velo Sagrado, Hidrobomba, Frío Polar

Los Lapras casi resultaron extinguidos por la actividad humana, pero gracias a la protección legal, estos Pokémon amigables e inteligentes ahora están resurgiendo. Sus preciosas voces a menudo se escuchan cantando cerca del agua cuando tienen un buen día.

EVOLUCIÓN
No evoluciona.

Pronunciación: LÍ-fe-on

Tipo: Hierba

Altura: 1 m

Peso: 25.5 kg

Movimientos: Hoja Afilada, Refuerzo, Placaje, Látigo, Ataque Arena, Ojitos Tiernos, Ataque Rápido, Silbato, Hoja Mágica, Gigadrenado, Danza Espada, Síntesis, Día Soleado, Última Baza, Hoja Aguda

Leafeon no necesita comer, ya que usa la fotosíntesis para generar energía. Un Leafeon recién evolucionado huele fresco y verde, como la hierba de primavera, mientras que uno más viejo emana el aroma seco y fresco de las hojas de otoño.

EVOLUCIÓN

Eevee → Leafeon

LEDIAN

Pokémon 5 Estrellas

Pronunciación:
LÉ-dian

Tipo:
Bicho-Volador

Altura: 1,4 m

Peso: 35,6 kg

Movimientos:
Placaje, Supersónico, Rapidez, Pantalla de Luz, Reflejo, Velo Sagrado, Ultrapuño, Viento Plata, Puño Cometa, Relevo, Agilidad, Zumbido, Tajo Aéreo, Doble Filo

Se cree que los Ledian consumen luz estelar como alimento, pero también les gusta devorar bayas. El combate golpean a sus oponentes con los cuatro brazos, esperando vencer al rival con una ráfaga de golpes.

EVOLUCIÓN

Ledyba → Ledian

LEDYBA
Pokémon 5 Estrellas

Pronunciación: LÉ-di-ba

Tipo: Bicho-Volador

Altura: 1 m

Peso: 10,8 kg

Movimientos: Placaje, Supersónico, Rapidez, Pantalla de Luz, Reflejo, Velo Sagrado, Ultrapuño, Viento Plata, Puño Cometa, Relevo, Agilidad, Zumbido, Tajo Aéreo, Doble Filo

Los Ledyba prefieren mantenerse unidos, formando enjambres de brillantes colores. Se comunican a través del aroma, y el fluido aromático que emiten cambia según su emoción: un enjambre de Ledyba enfadados huele desagradablemente agrio.

EVOLUCIÓN

Ledyba → Ledian

LILLIGANT

Pokémon Adornofloral

Pronunciación:
LÍ-li-gant

Tipo: Hierba

Altura: 1,1 m

Peso: 16,3 kg

Movimientos:
Desarrollo,
Drenadoras,
Megaagotar, Síntesis, Danza
Caos, Danza Aleteo, Danza
Pétalo, Tormenta Floral

Algunos Entrenadores
le dedican tiempo,
atención y dinero a
Lilligant, intentando
cultivar sus
encantadoras
flores, pero este
Pokémon siempre florece más
bellamente cuando se lo deja solo
en la naturaleza. Esas llamativas flores pueden ser un intento
de atraer a su pareja.

EVOLUCIÓN

Petilil → Lilligant

LILLIPUP

Pokémon Perrito

Pronunciación:
LÍ-li-pap

Tipo: Normal

Altura: 0,4 m

Peso: 4,1 kg

Movimientos: Malicioso, Placaje, Rastreo, Mordisco, Ojitos Tiernos, Refuerzo, Derribo, Avivar, Triturar, Rugido, Represalia, Inversión, Última Baza, Giga Impacto, Carantoña

Tranquilo y de buen comportamiento, Lillipup es popular entre los Entrenadores que viven en apartamentos y no quieren molestar a sus vecinos. Su esponjoso pelaje facial actúa como sensor en combate.

EVOLUCIÓN

Lillipup → Herdier → Stoutland

LITTEN
Pokémon Gato Fuego

Pronunciación: LÍ-ten

Tipo: Fuego   **Altura:** 0,4 m

Peso: 4,3 kg

Movimientos: Arañazo, Ascuas, Gruñido, Lengüetazo, Malicioso, Colmillo Ígneo, Rugido, Mordisco, Contoneo, Golpes Furia, Golpe, Lanzallamas, Cara Susto, Envite Ígneo, Enfado

Cuando lame su pelaje, Litten acumula municiones: escupirá ese pelaje llameante en un ataque de fuego. Los Entrenadores tienen dificultades para ganarse la confianza de estos Pokémon solitarios.

EVOLUCIÓN

Litten → Torracat → Incineroar

LUCARIO

Pokémon Aura

Pronunciación:
lu-KÁ-rio

Tipo: Lucha-Acero   **Altura:** 1,2 m

Peso: 54 kg

Movimientos: Esfera Aural, Aguzar, Profecía, Ataque Rápido, Detección, Garra Metal, Contraataque, Amago, Puño Incremento, Danza Espada, Eco Metálico, Ataque Óseo, Anticipo, Yo Primero, Avivar, Paz Mental, Pulso Cura, A Bocajarro, Pulso Dragón, Velocidad Extrema

Cuando Lucario evoluciona, adquiere el poder de sentir y controlar auras, Esta habilidad puede ser útil en comabte. Lucario sabe si una persona o un Pokémon dentro de un radio de 800 m se siente feliz o triste.

EVOLUCIÓN

Riolu → Lucario

LIMINEON

Pokémon Neón

Pronunciación:
lu-MÍ-neon

Tipo: Agua   **Altura:** 1,2 m

Peso: 24 kg

Movimientos: Anegar,
Destructor, Pistola Agua,
Atracción, Danza Lluvia,
Tornado, Hidropulso,
Seducción, Velo Sagrado,
Acua Aro, Torbellino, Ida y
Vuelta, Bote, Viento Plata, Anegar

En las profundidades del mar, el
cuerpo de Lumineon emite luz para
atraer comida. Pero a veces su luz atrae a Pokémon más grandes
y se encuentra en intenso combate.

EVOLUCIÓN

Finneon → Lumineon

LUNALA

Pokémon Corona Lunar

Pokémon Legendario

Pronunciación:
lu-NÁ-la

Tipo:
Psíquico-Fantasma

Altura: 4 m   **Peso:** 120 kg

Movimientos: Rayo Umbrío, Masa Cósmica, Hipnosis, Teletransporte, Confusión, Tinieblas, Rayo Confuso, Tajo Aéreo, Bola Sombra, Luz Lunar, Pulso Noche, Capa Mágica, Fuerza Lunar, Come Sueños, Golpe Fantasma, Vastaguardia, Hiperrayo

Las amplias alas de Lunala son capaces de absorber la luz, convirtiendo el día más brillante en sombrío. Este Pokémon legendario parece tener su hogar en otro mundo, y vuelve allí cuando su tercer ojo se activa.

EVOLUCIÓN

Cosmog → Cosmoem → Lunala

LURANTIS

Pokémon Fito Flor

Pronunciación:
lu-RÁN-tis

Tipo: Hierba

Altura: 0,9 m

Peso: 18,5 kg

Movimientos. Tormenta Floral,
Tijera X, Corte Furia, Follaje, Hoja Afilada,
Desarrollo, Arraigo, Hoja Aguda, Síntesis,
Cuchillada, Dulce Aroma, Cuchilla Solar,
Día Soleado

Puede ser difícil darle a Lurantis los cuidados adecuados para
mantener su colorido brillante y vívido, pero algunos Entrenadores
aceptan con entusiasmo el desafío. Los rayos que dispara desde sus
pétalos pueden atravesar gruesos metales.

EVOLUCIÓN

Fomantis → Lurantis

LUVDISC

Pokémon Cita

Pronunciación:
LÁBF-disk

Tipo: Agua

Altura: 0,6 m

Peso: 8,7 kg

Movimientos: Placaje, Encanto, Pistola Agua, Agilidad, Beso Drenaje, Conjuro, Hidropulso, Atracción, Arrumaco, Azote, Beso Dulce, Derribo, Seducción, Acua Aro, Anegar, Hidrobomba, Velo Sagrado

Si ves muchos Luvdisc nadando en la piscina de un hotel, quizá sea un lugar popular para parejas en luna de miel. Se pone muy triste si se lo deja solo, lo que puede ser una gran desventaja en combate.

EVOLUCIÓN
No evoluciona.

LYCANROC

Pokémon Loba

Forma Diurna

Forma Nocturna

Pronunciación: LÁI-kan-rrok   **Tipo:** Roca

Altura: Forma diurna: 0,8 m /
   Forma Nocturna: 1,1 m

Peso: 25 kg

Movimientos: Placaje, Malicioso, Ataque Arena, Mordisco, Aullido, Lanzarrocas, Rastreo, Tumba Rocas, Rugido, Trampa Rocas, Avalancha, Cara Susto, Triturar, Treparrocas, Roca Afilada

Forma Diurna: Roca Veloz, Anticipo, Ataque Rápido

Forma Nocturna: Contraataque, Inversión, Mofa

Su espesa melena oculta rocas afiladas que usa en combate junto con sus colmillos y garras. A pesar de su temible arsenal, Lycanroc muestra una lealtad feroz al Entrenador que lo haya criado bien.

EVOLUCIÓN

Rockruff

Lycanroc
Forma
Diurna

Lycanroc
Forma
Nocturna

MACHAMP

Pokémon Superpoder

Pronunciación:
ma-CHÁMP

Tipo: Lucha

Altura: 1,6 m

Peso: 130 kg

Movimientos:
Fuerza,
Vastaguardia,
Patada Baja, Malicioso, Foco Energía, Golpe Kárate, Profecía,
Puntapié, Movimiento Sísmico, Desquite, Desarme, Tiro Vital,
Espabila, Golpe Bis, Sumisión, Corpulencia, Tajo Cruzado, Cara Susto,
Puño Dinámico

Machamp destaca cuando se le pide que realice demostraciones
de fuerza: con sus cuatro macizos brazos, puede incluso levantar
un pesado camión volquete. Es menos bueno en tareas que requieran
destreza y precisión manual.

EVOLUCIÓN

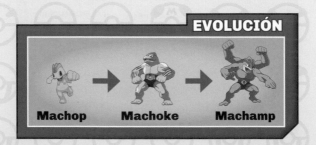

Machop → **Machoke** → **Machamp**

156

MACHOKE

Pokémon Superpoder

Pronunciación: ma-CHÓUK

Tipo: Lucha

Altura: 1,5 m

Peso: 70,5 kg

Movimientos: Patada Baja, Malicioso, Foco Energía, Golpe Kárate, Profecía, Puntapié, Movimiento Sísmico, Desquite, Desarme, Tiro Vital, Espabila, Golpe Bis, Sumisión, Corpulencia, Tajo Cruzado, Cara Susto, Puño Dinámico

Machoke se muestra feliz cuando puede ayudar a alguien con un trabajo físico difícil. Mover y cargar cosas pesadas es solo una forma más de entrenar sus músculos.

EVOLUCIÓN

Machop → Machoke → Machamp

MACHOP

Pokémon Superpoder

Pronunciación: ma-CHÓP

Tipo: Lucha

Altura: 0,8 m

Peso: 19,5 kg

Movimientos: Patada Baja, Malicioso, Foco Energía, Golpe Kárate, Profecía, Puntapié, Movimiento Sísmico, Desquite, Desarme, Tiro Vital, Espabila, Golpe Bis, Sumisión, Corpulencia, Tajo Cruzado, Cara Susto, Puño Dinámico

Para Machop el ejercicio es lo mejor, y sus músculos en desarrollo refuerzan su devoción por la actividad física. Es lo bastante fuerte como para levantar y lanzar un peso equivalente a cien personas.

EVOLUCIÓN

Machop → Machoke → Machamp

MAGBY

Pokémon Ascuas

Pronunciación: MÁG-bi

Tipo: Fuego

Altura: 0,7 m

Peso: 21,4 kg

Movimientos: Polución, Malicioso, Ascuas, Pantalla de Humo, Finta, Giro Fuego, Niebla Clara, Pirotecnia, Rayo Confuso, Puño Fuego, Humareda, Día Soleado, Lanzallamas, Llamarada

Los Magby crecen en áreas volcánicas, donde pueden lanzar libremente sus llamas. Pueden aprender a controlar sus llamas y usarlas productivamente, por ejemplo, una Magby actúa como un preciso horno para su Entrenador, un famoso ceramista.

EVOLUCIÓN

Magby → Magmar → Magmortar

MAGEARNA

Pokémon Artificial

Pokémon Mítico

Pronunciación:
ma-GIÁR-na

Tipo: Acero-Hada

Altura: 1 m

Peso: 80,5 kg

Possibles Moves: Truco Defensa, Piñón Auxiliar, Cambio de Marcha, Cabeza de Hierro, Refuerzo, Bomba Sónica, Rizo Defensa, Psicorrayo, Conjuro, Rayo Aurora, Disparo Espejo, Telépata, Foco Resplandor, Cañón Floral, Defensa Férrea, Divide Dolor, Sincrorruido, Esfera Aural, Cambia Almas, As Oculto

Magearna fue construida hace siglos por inventores humanos. El resto del cuerpo mecánico de este Pokémon es solo un vehículo para su verdadero yo: el Alma-Corazón contenida en su cofre.

EVOLUCIÓN
No evoluciona.

MAGIKARP

Pokémon Pez

Pronunciación:
ma-yi-KÁRP

Tipo: Agua

Altura: 0,9 m

Peso: 10 kg

Movimientos:
Salpicadura, Placaje, Azote

Magikarp chapotea con abandono, saltando imprudentemente fuera del agua, lo que los deja vulnerables a cualquier ataque. Aunque sean muy deficientes en lo que respecta a la fuerza de combate, existen en grandes cantidades.

EVOLUCIÓN

Magikarp → Gyarados

MAGMAR

Pokémon Escupefuego

Pronunciación:
MÁG-mar

Tipo: Fuego

Altura: 1,3 m

Peso: 44,5 kg

Movimientos: Polución, Malicioso, Ascuas, Pantalla de Humo, Finta, Giro Fuego, Niebla Clara, Pirotecnia, Rayo Confuso, Puño Fuego, Humareda, Día Soleado, Lanzallamas, Llamarada

A muchas personas les gusta tomar un baño caliente para recargar fuerzas. A Magmar también le gusta, pero no con agua caliente, ¡se baña en lava fundida! En combate, proyecta grandes llamaradas.

EVOLUCIÓN

Magby → **Magmar** → **Magmortar**

162

MAGMORTAR

Pokémon Explosión

Pronunciación:
mag-MÓR-tar

Tipo: Fuego

Altura: 1,6 m

Peso: 00 kg

Movimientos: Puño Trueno, Polución, Malicioso, Ascuas, Pantalla de Humo, Finta, Giro Fuego, Niebla Clara, Pirotecnia, Rayo Confuso, Puño Fuego, Humareda, Día Soleado, Lanzallamas, Llamarada, Hiperrayo

Magmortar puede disparar bolas de fuego desde su brazo, aunque debe evitar disparar varias a la vez; la acumulación de un calor tan intenso puede provocar la fusión. Aparentemente, cada pareja de Magmortar reclama un volcán propio como hogar.

EVOLUCIÓN

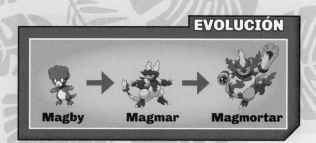

Magby → Magmar → Magmortar

MAGNEMITE

Pokémon Imán

Pronunciación:
MÁG-ne-mait

Tipo: Eléctrico-Acero   **Altura:** 0,3 m   **Peso:** 6 kg

Movimientos: Placaje, Supersónico, Impactrueno, Bomba Imán, Onda Trueno, Pantalla de Luz, Bomba Sónica, Chispa, Disparo Espejo, Eco Metálico, Bola Voltio, Foco Resplandor, Chirrido, Chispazo, Fijar Blanco, Levitón, Giro Bola, Electrocañón

Grupos de Magnemite a menudo se agrupan alrededor de las torres de transmisión para absorber la electricidad de las líneas eléctricas. Flotan sobre el suelo mediante el uso de ondas electromagnéticas.

EVOLUCIÓN

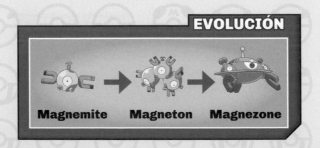

Magnemite → Magneton → Magnezone

MAGNETON

Pokémon Imán

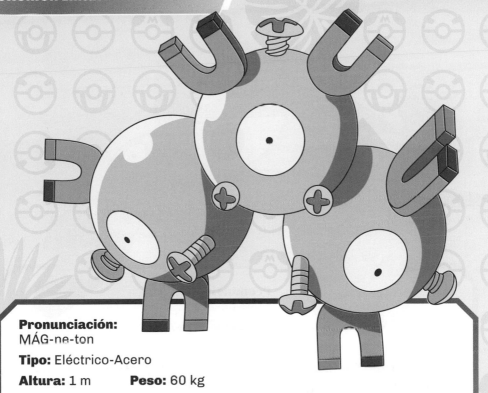

Pronunciación:
MÁG-ne-ton

Tipo: Eléctrico-Acero

Altura: 1 m   **Peso:** 60 kg

Movimientos: Triataque, Electrocañón, Campo Eléctrico, Placaje, Supersónico, Impactrueno, Bomba Imán, Onda Trueno, Pantalla de Luz, Bomba Sónica, Chispa, Disparo Espejo, Eco Metálico, Bola Voltio, Foco Resplandor, Chirrido, Chispazo, Fijar Blanco, Levitón, Giro Bola

Magneton se forma cuando tres Magnemite unen sus cuerpos y cerebros. Esto triplica su potencia eléctrica, aunque su inteligencia no recibe un impulso similar.

EVOLUCIÓN

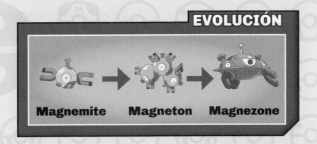

Magnemite   Magneton   Magnezone

MAGNEZONE

Pokémon Magnético

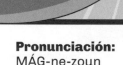

Pronunciación:
MÁG-ne-zoun

Tipo: Eléctrico-Acero

Altura: 1,2 m   **Peso:** 180 kg

Movimientos: Triataque, Electrocañón, Aura Magnética, Manto Espejo, Barrier, Campo Eléctrico, Placaje, Supersónico, Impactrueno, Bomba Imán, Onda Trueno, Pantalla de Luz, Bomba Sónica, Chispa, Disparo Espejo, Eco Metálico, Bola Voltio, Foco Resplandor, Chirrido, Chispazo, Fijar Blanco, Levitón, Giro Bola

Se cree que Magnezone recibe y transmite señales mientras vuela por el aire con el poder del magnetismo, aunque se desconoce de dónde provienen las señales. A veces, se ha informado de un avistamiento de un OVNI que resultó ser Magnezone.

EVOLUCIÓN

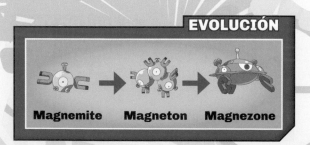

Magnemite   Magneton   Magnezone

MAKUHITA

Pokémon Valiente

Pronunciación:
ma-ku-JÍ-ta

Tipo: Lucha

Altura: 1 m.

Peso: 86,4 kg

Movimientos: Placaje, Foco Energía, Ataque Arena, Empujón, Sorpresa, Palmeo, Remolino, Desarme, Tiro Vital, Tambor, Estímulo, Movimiento Sísmico, Espabila, Aguante, A Bocajarro, Inversión, Cuerpo Pesado

Los Makuhita no son nativos de la región de Alola, pero definitivamente se han labrado una reputación en las islas. Grupos de Makuhita se reúnen todos los días para entrenar, comer, dormir la siesta y luego seguir entrenando.

EVOLUCIÓN

Makuhita → Hariyama

MANDIBUZZ

Pokémon Aguilahueso

Pronunciación:
MÁN-di-bass

Tipo: Siniestro-Volador

Altura: 1,2 m

Peso: 39,5 kg

Movimientos: Ataque Óseo, Movimiento Espejo, Pájaro Osado, Remolino, Tornado, Malicioso, Ataque Furia, Picoteo, Maquinación, Camelo, Finta, Castigo, Despejar, Viento Afín, Tajo Aéreo, Pulso Umbrío, Embargo

Los Mandibuzz tejen huesos entre sus plumas y los usan como joyas, tal vez con idea de presumir. Vuelan en círculos, siempre atentos a encontrar un oponente más débil por ahí abajo.

EVOLUCIÓN

Vullaby → Mandibuzz

MANKEY

Pokémon Mono Cerdo

Pronunciación:
MÁN-ki

Tipo:
Lucha

Altura: 0,5 m

Peso: 28 kg

Movimientos: Antojo, Arañazo, Patada Baja, Malicioso, Foco Energía, Golpes Furia, Golpe Kárate, Persecución, Movimiento Sísmico, Contoneo, Tajo Cruzado, Buena Baza, Castigo, Golpe, A Bocajarro, Chirrido, Pataleta, Enfado, Sacrificio

La furia de Mankey es tan agotadora que luego se queda dormido, se despierta tras luchar en sus sueños, ¡y se enfada porque se ha despertado! Estar solo lo enoja, pero su ira aleja a todos, ¡y luego vuelve a sentirse solo!

EVOLUCIÓN

Mankey → Primeape

MAREANIE

Pokémon Estrellatroz

Pronunciación:
ma-RÍ-ni

Tipo: Veneno-Agua

Altura: 0,4 m

Movimientos: Picotazo Veneno, Picotazo, Mordisco, Púas Tóxicas, Vastaguardia, Tóxico, Venoshock, Clavo Cañón, Recuperación, Púa Nociva, Trampa Venenosa, Pin Misil, Hidroariete

Mareanie vive en el fondo del mar o cerca de la playa. Ataca con la zona puntiaguda de su cabeza, que libera veneno que puede debilitar a un rival. A menudo se siente tentado por el coral de colores brillantes de Corsola.

EVOLUCIÓN

Mareanie → Toxapex

MAROWAK (Forma de Alola)

Pokémon Apilahueso

Pronunciación:
MÁ-ro-uak

Tipo: Fuego-Fantasma

Altura: 1 m

Peso: 34 kg

Movimientos:
Gruñido, Látigo, Hueso Palo,
Rueda Fuego, Malicioso,
Infortunio, Huesomerang, Fuego
Fatuo, Hueso Sombrío, Golpe, Lanzamiento,
Pataleta, Endeavor, Doble Filo, Represalia, Ataque Óseo, Envite Ígneo

El hueso llameante que Marowak hace girar como un bastón una vez perteneció a su madre, y está protegido por su espíritu. Este Pokémon llora por sus compañeros caídos, visitando sus tumbas situadas al borde de los caminos.

EVOLUCIÓN

Cubone → Marowak

MASQUERAIN

Pokémon Globo Ocular

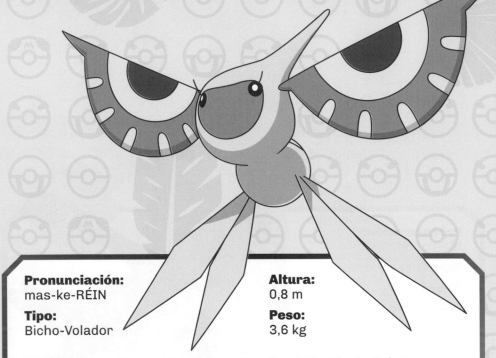

Pronunciación:
mas-ke-RÉIN

Tipo:
Bicho-Volador

Altura:
0,8 m

Peso:
3,6 kg

Movimientos: Danza Aleteo, Remolino, Zumbido, Viento Aciago, Burbuja, Ataque Rápido, Dulce Aroma, Hidrochorro, Tornado, Cara Susto, Aire Afilado, Paralizador, Viento Plata, Tajo Aéreo

Los diseños de ojo en las grandes antenas de Masquerain a veces asustan a los enemigos. Sus cuatro diminutas alas le permiten maniobrar bien, aunque pueden quedar empapadas cuando llueve.

EVOLUCIÓN

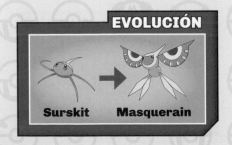

Surskit → Masquerain

Pronunciación: MIÁ-uz

Tipo: Siniestro

Altura: 0,4 m   **Peso:** 4,2 kg

Movimientos: Arañazo, Gruñido, Mordisco, Sorpresa, Golpes Furia, Chirrido, Finta, Mofa, Día de Pago, Cuchillada, Maquinación, Buena Baza, Seducción, Tajo Umbrío, Amago, Pulso Umbrío

Meowth está orgulloso del amuleto dorado de su frente, y se enfurece cuando la suciedad empaña su brillante superficie. Estos astutos Pokémon no son nativos de Alola, pero gracias a la interferencia humana, su población ha aumentado.

EVOLUCIÓN

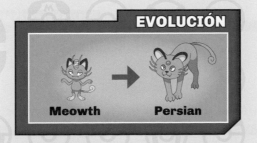

Meowth → Persian

METAGROSS

Pokémon Pata Hierro

Tipo: Acero-Psíquico

Altura: 1,6 m

Pronunciación:
MÉ-ta-gros

Peso: 550 kg

Movimientos: Machada, Confusión, Garra Metal, Levitón, Derribo, Persecución, Puño Bala, Gran Ojo, Cabezazo Zen, Cara Susto, Psíquico, Agilidad, Puño Meteoro, Defensa Férrea, Hiperrayo

Metagross se forma cuando se combinan dos Metang. Resulta muy impresionante tanto física como mentalmente: puede atrapar fácilmente a un enemigo bajo de su enorme cuerpo de acero, y sus cuatro cerebros realizan complicados cálculos en un instante.

EVOLUCIÓN

Beldum → Metang → Metagross

METANG

Pokémon Garrahierro

Pronunciación:
me-TÁNG

Tipo:
Acero-Psíquico

Altura: 1,2 m   **Peso:** 202,5 kg

Movimientos: Confusión, Garra Metal, Levitón, Derribo, Persecución, Puño Bala, Gran Ojo, Cabezazo Zen, Cara Susto, Psíquico, Agilidad, Puño Meteoro, Defensa Férrea, Hiperrayo

Metang se forma cuando se combinan dos Beldum. Esto duplica su poder psíquico pero no aumenta su inteligencia. Metang siempre está buscando minerales magnéticos y se siente particularmente atraído por Nosepass.

EVOLUCIÓN

Beldum   Metang   Metagross

METAPOD

Pokémon Capullo

Pronunciación:
MÉ-ta-pod

Tipo: Bicho   **Altura:** 0,7 m

Peso: 9,9 kg

Movimiento: Fortaleza

Dentro de la cáscara dura de
Metapod, su cuerpo es suave y
vulnerable. Por temor a romper
ese caparazón, este Pokémon
siempre va con cuidado
de no moverse demasiado
o de entrar en
combates serios.

EVOLUCIÓN

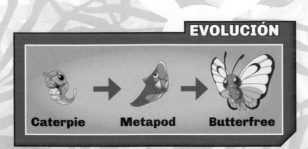

Caterpie → Metapod → Butterfree

MILOTIC

Pokémon Tierno

Pronunciación:
mi-LÓ-tik

Tipo: Agua

Altura: 6,2 m

Peso: 162 kg

Movimientos:
Hidropulso,
Constricción,
Pistola Agua,
Hidrochorro,
Alivio, Voz Cautivadora,
Ciclón, Acua Aro, Seducción, Cola Dragón, Recuperación, Acua Cola,
Atracción, Velo Sagrado, Enrosque, Hidrobomba, Danza Lluvia

Milotic a veces ha resultado ser una musa para artistas que han deseado capturar su asombrosa belleza en su trabajo. Solo mirar a este encantador Pokémon puede ser suficiente para calmar los nervios o detener una pelea.

EVOLUCIÓN

Feebas → Milotic

MILTANK

Pokémon Lechera

Pronunciación:
MÍL-tank

Tipo: Normal

Altura: 1,2 m

Peso: 75,5 kg

Movimientos: Placaje, Gruñido, Rizo Defensa, Pisotón, Batido, Venganza, Desenrollar, Golpe Cuerpo, Cabezazo Zen, Seducción, Giro Bola, Campana Cura, Espabila

La leche que Miltank produce es rica en calorías y muy nutritiva. Aunque es mejor conocido por este producto, también hace un buen papel en combate gracias a su fuerza y resistencia.

EVOLUCIÓN
No evoluciona.

MIMIKYU

Pokémon Disfraz

Pronunciación:
MÍ-mi-kiu

Tipo: Fantasma-Hada

Altura: 0,2 m

Peso: 0,7 kg

Movimientos: Mazazo, Salpicadura, Arañazo, Impresionar, Copión, Doble Equipo, Ojitos Tiernos, Sombra Vil, Mimético, Finta, Encanto, Cuchillada, Garra Umbría, Afilagarras, Carantoña, Divide Dolor

¿Cuál es el aspecto real de Mimikyu? Nadie lo sabe realmente, pero debe ser aterrador, porque siempre se esconde debajo de un trapo viejo para que no asuste a nadie mientras trata de hacer amigos.

EVOLUCIÓN
No evoluciona.

MINIOR

Pokémon Meteoro

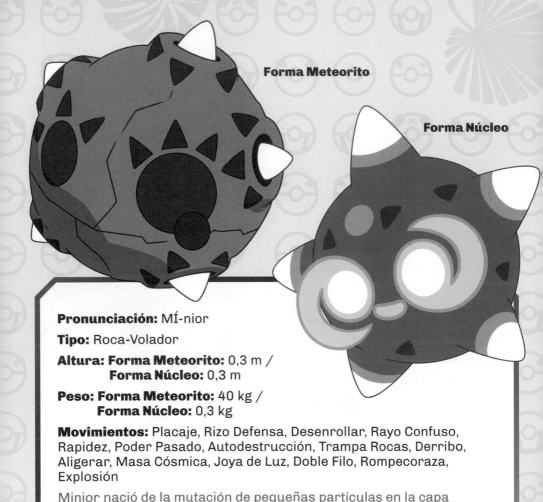

Forma Meteorito

Forma Núcleo

Pronunciación: MÍ-nior

Tipo: Roca-Volador

Altura: Forma Meteorito: 0,3 m /
Forma Núcleo: 0,3 m

Peso: Forma Meteorito: 40 kg /
Forma Núcleo: 0,3 kg

Movimientos: Placaje, Rizo Defensa, Desenrollar, Rayo Confuso, Rapidez, Poder Pasado, Autodestrucción, Trampa Rocas, Derribo, Aligerar, Masa Cósmica, Joya de Luz, Doble Filo, Rompecoraza, Explosión

Minior nació de la mutación de pequeñas partículas en la capa de ozono. Cuando su caparazón se vuelve demasiado pesado, cae a la superficie, y el impacto puede hacer saltar toda su coraza.

EVOLUCIÓN
No evoluciona.

MISDREAVUS

Pokémon Chirrido

Pronunciación:
mis-DRÍ-bas

Tipo: Fantasma

Altura: 0,7 m

Peso: 1 kg

Movimientos: Gruñido,
Psicoonda, Rencor,
Impresionar, Rayo Confuso,
Mal de Ojo, Infortunio, Psicorrayo, Divide Dolor, Vendetta,
Bola Sombra, Canto Mortal, Rabia, Joya de Luz

Misdreavus obtiene su energía de asustar a la gente y atemorizar
a los demás. Uno de sus trucos favoritos es esconderse en una
habitación que parece vacía y hacer un ruido que suena como
si alguien llorara.

EVOLUCIÓN

Misdreavus → Mismagius

MISMAGIUS

Pokémon Mágico

Pronunciación:
mis-MÁ-gius

Tipo: Fantasma

Altura: 0,9 m   **Peso:** 4,4 kg

Movimientos: Llama Embrujada, Joya de Luz, Golpe Fantasma, Conjuro, Hoja Mágica, Gruñido, Psicoonda, Rencor, Impresionar

Mismagius dispone de un impresionante arsenal de trucos para fastidiar a la gente, lanzando maldiciones, creando visiones de terror o lanzando hechizos de amor. Algunas personas han sido engañadas para pensar que la última es una diversión inofensiva.

EVOLUCIÓN

Misdreavus   **Mismagius**

MORELULL

Pokémon Luminiscente

Pronunciación: MÓ-re-lal

Tipo: Hierba-Hada

Altura: 0,2 m

Peso: 1,5 kg

Movimientos: Absorber, Impresionar, Destello, Luz Lunar, Megaagotar, Somnífero, Arraigo, Rayo Confuso, Gigadrenado, Absorbefuerza, Espora, Fuerza Lunar, Come Sueños, Foco

Las esporas que genera Morelull emiten una luz hipnótica que hace dormir a los que las ven. Durante el día, se planta junto a un árbol para absorber los nutrientes de las raíces mientras duerme.

EVOLUCIÓN

Morelull → Shiinotic

MUDBRAY

Pokémon Asno

Pronunciación:
MÁD-brei

Tipo: Tierra

Altura: 1 m   **Peso:** 110 kg

Movimientos: Bofetón Lodo, Chapoteo Lodo, Fertilizante, Terratemblor, Doble Patada, Pisotón, Venganza, Fuerza Equina, Defensa Férrea, Cuerpo Pesado, Contraataque, Terremoto, Megapatada, Fuerza Bruta

A Mudbray le encanta ensuciarse, pero no es solo por diversión. Jugar en el barro en realidad le da una mejor tracción al correr: cuando sus pezuñas están cubiertas de tierra, es menos probable que se resbalen y así puede correr más rápido.

EVOLUCIÓN

Mudbray   Mudsdale

MUDSDALE

Pokémon Caballo Tiro

Pronunciación: MÁDS-deil

Tipo: Tierra

Altura: 2,5 m

Peso: 920 kg

Movimientos: Bofetón Lodo, Chapoteo Lodo, Fertilizante, Terratemblor, Doble Patada, Pisotón, Venganza, Fuerza Equina, Defensa Férrea, Cuerpo Pesado, Contraataque, Terremoto, Megapatada, Fuerza Bruta

Con la ayuda del barro que cubre sus pezuñas, Mudsdale puede lanzar fuertes coces lo suficientemente poderosas como para destruir un gran camión. El barro que produce es impermeable, y la gente solía usarlo para proteger sus casas.

EVOLUCIÓN

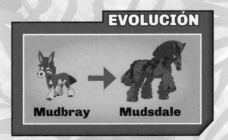

Mudbray → Mudsdale

MUK (Forma de Alola)

Pokémon Lodo

Pronunciación:
MÚK

Tipo: Veneno-Siniestro   **Altura:** 1 m

Movimientos: Trampa Venenosa, Destructor, Gas Venenoso, Fortaleza, Mordisco, Anulación, Bomba Ácida, Colmillo Veneno, Reducción, Lanzamiento, Desarme, Triturar, Chirrido, Lanza Mugre, Armadura Ácida, Eructo, Legado

Las marcas brillantes y coloridas de Muk son el resultado de cambios químicos en su cuerpo, causados por su dieta de todo tipo de basura. Suele ser es un compañero amable y amistoso, pero cuando tiene hambre, puede volverse destructivo.

EVOLUCIÓN

Grimer → Muk

MUNCHLAX

Pokémon Comilón

Pronunciación:
MÁNCH-lax

Tipo: Normal

Altura: 0,6 m

Peso: 105 kg

Movimientos:
Última Baza, Reciclaje,
Lengüetazo, Metrónomo,
Rastreo, Placaje, Rizo Defensa,
Amnesia, Lengüetazo, Guardia
Baja, Chirrido, Golpe Cuerpo, Reserva, Tragar, Desenrollar,
Lanzamiento, Tambor, Don Natural, Robo

Munchlax tiene un apetito insaciable y no es demasiado quisquilloso
con sus gustos. Para mantenerse, tiene que seguir comiendo,
tragando casi cualquier cosa que parezca comestible.

EVOLUCIÓN

Munchlax   Snorlax

MURKROW

Pokémon Oscuridad

Pronunciación: MÁR-krou

Tipo: Siniestro-Volador

Altura: 0,5 m

Peso: 2,1 kg

Movimientos: Picotazo, Impresionar, Persecución, Niebla, Ataque Ala, Tinieblas, Buena Baza, Mofa, Finta, Mal de Ojo, Juego Sucio, Viento Afín, Golpe Bajo, Tormento, Último Lugar

Es raro ver a un Murkrow volando durante el día; en general duermen hasta el anochecer y vuelan por la noche. Van atentos para encontrar objetos brillantes, que a veces ofrecen como regalo a un Entrenador.

EVOLUCIÓN

Murkrow → Honchkrow

NECROZMA

Pokémon Prisma

Pokémon Legendario

Pronunciación:
ne-KRÓZ-ma

Tipo: Psíquico

Altura: 2,4 m

Peso: 230 kg

Movimientos: Luz Lunar, Sol Matinal, Rayo Carga, Disparo Espejo, Garra Metal, Confusión, Cuchillada, Poder Reserva, Pedrada, Tajo Umbrío, Gravedad, Psicocorte, Joya de Luz, Aligerar, Trampa Rocas, Defensa Férrea, Estrujón, Láser Prisma

Algunos piensan que Necrozma llegó de otro mundo hace muchos eones. Cuando emerge de su letargo subterráneo, parece absorber la luz, que usar como energía para lanzar sus ráfagas tipo láser.

EVOLUCIÓN
No evoluciona.

NIHILEGO

Pokémon Parásito

Ultraente

Pronunciación: ni-i-LÉ-go

Tipo: Roca-Veneno

Altura: 1,2 m   **Peso:** 55,5 kg

Movimientos: Isofuerza, Isoguardia, Cosquillas, Ácido, Restricción, Destructor, Niebla Clara, Psicoonda, Golpe Cabeza, Carga Tóxica, Púas Tóxicas, Velo Sagrado, Joya de Luz, Manto Espejo, Bomba Ácida, Trampa Venenosa, Trampa Rocas, Zona Extraña, Testarazo

Nihilego, una de las misteriosas Ultraente, puede aparentemente contaminar a otros seres e incitarlos a la violencia. La investigación no es concluyente sobre si este Pokémon puede pensar por sí mismo, pero a veces se comporta como una niña pequeña.

EVOLUCIÓN
No evoluciona.

NINETALES (Forma de Alola)

Pokémon Zorro

Pronunciación:
NÁIN-teils

Tipo: Hielo-Hada

Altura: 1,1m

Peso: 19,9kg

Movimientos: Brillo Mágico, Cerca, Maquinación, Rayo Hielo, Canto Helado, Rayo Confuso, Velo Sagrado

En su helado pelaje, Ninetales crea pequeñas gotas de hielo que puede usar para lanzar contra sus rivales. En general, es un Pokémon muy tranquilo y sereno, pero si se enfada, puede dejar congelado a quien se atreva a molestarle.

EVOLUCIÓN

Vulpix → Ninetales

NOSEPASS

Pokémon Brújula

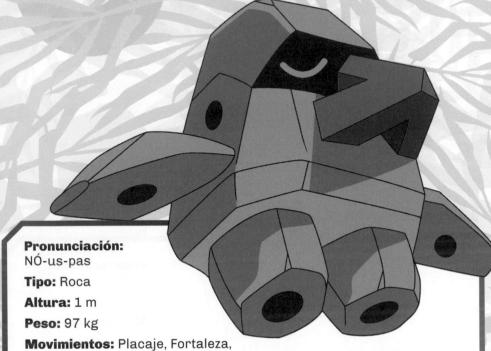

Pronunciación:
NÓ-us-pas

Tipo: Roca

Altura: 1 m

Peso: 97 kg

Movimientos: Placaje, Fortaleza, Bloqueo, Lanzarrocas, Onda Trueno, Descanso, Chispa, Avalancha, Joya de Luz, Pedrada, Chispazo, Tormenta Arena, Tierra Viva, Roca Afilada, Fijar Blanco, Electrocañón

Algunos Entrenadores suelen llevar un Nosepass en su viaje como ayuda para la navegación, ya que su nariz magnética sirve como una infalible brújula. Cuando su nariz atrae objetos metálicos, Nosepass los recoge y los utiliza como escudo.

EVOLUCIÓN

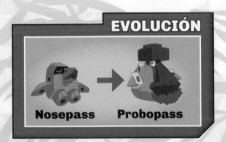

Nosepass → Probopass

ORANGURU

Pokémon Sabio

Pronunciación:
o-ran-GÚ-ru

Tipo: Normal-Psíquico   **Altura:** 1,5 m   **Peso:** 76 kg

Movimientos: Confusión, Cede Paso, Mofa, Último Lugar, Poder
Reserva, Más Psique, Finta, Maquinación, Cabezazo Zen, Mandato,
Juego Sucio, Paz Mental, Psíquico, Premonición, Espacio Raro

Muy inteligente, aunque algo peculiar, Oranguru puede ser una
mala opción para los Entrenadores con menos experiencia. En la
naturaleza, pasa la mayor parte del tiempo en lo alto del dosel de la
selva, aunque a veces lo abandona en busca de algún reto intelectual.

EVOLUCIÓN
No evoluciona.

ORICORIO (Estilo Apasionado)

Pokémon Danza

Pronunciación:
o-ri-KÓ-rio

Tipo: Fuego-Volador

Altura: 0,6 m   **Peso:** 3,4 kg

Movimientos: Destructor, Gruñido, Picotazo, Refuerzo, Aire Afilado, Relevo, Danza Pluma, Doble Bofetón, Danza Caos, Respiro, Seducción, Tajo Aéreo, Danza Despertar, Movimiento Espejo, Agilidad, Vendaval

Beber néctar rojo le da a Oricorio un estilo fogoso cuando baila. Lo mejor es disfrutar de su hermosa actuación a distancia, porque al batirlas, sus alas emiten llamas abrasadoras.

EVOLUCIÓN
No evoluciona.

ORICORIO (Estilo Plácido)

Pokémon Danza

Pronunciación:
o-ri-KÓ-rio

Tipo: Psíquico-Volador

Altura: 0,6 m

Peso: 3,4 kg

Movimientos: Destructor, Gruñido, Picotazo, Refuerzo, Aire Afilado, Relevo, Danza Pluma, Doble Bofetón, Danza Caos, Respiro, Seducción, Tajo Aéreo, Danza Despertar, Movimiento Espejo, Agilidad, Vendaval

Beber néctar rosado transforma a Oricorio en una bailarina de movimientos hipnóticos. Mientras sus oponentes la contemplan en trance, ese movimiento oscilante relaja la mente de Oricorio para que pueda acumular energía psíquica para sus ataques.

EVOLUCIÓN
No evoluciona.

ORICORIO (Estilo Animado)

Pokémon Danza

Pronunciación:
o-ri-KÓ-rio

Tipo: Eléctrico-Volador

Movimientos: Destructor, Refuerzo, Aire Afilado, Relevo, Bofetón, Danza Caos, Tajo Aéreo, Danza Despertar, Agilidad, Vendaval

Altura: 0,6 m

Peso: 3,4 kg

Gruñido, Picotazo, Danza Pluma, Doble Respiro, Seducción, Movimiento Espejo,

Beber néctar amarillo hace que el estilo de baile de Oricorio sea verdaderamente electrizante. La carga que genera el roce de sus plumas le permite lanzar golpes verdaderamente impactantes en combate mientras realiza su alegre baile.

EVOLUCIÓN

No evoluciona.

ORICORIO (Estilo Refinado)

Pokémon Danza

Pronunciación:
o-ri-KÓ-rio

Tipo:
Fantasma-
Volador

Altura: 0,6 m

Peso: 3,4 kg

Movimientos: Destructor, Gruñido, Picotazo, Refuerzo, Aire Afilado, Relevo, Danza Pluma, Doble Bofetón, Danza Caos, Respiro, Seducción, Tajo Aéreo, Danza Despertar, Movimiento Espejo, Agilidad, Vendaval

Beber néctar morado inspira a Oricorio a realizar una danza tan evocadora como elegante. Los espíritus de los difuntos se sienten atraídos por esta hermosa actuación, y de esta forma Oricorio puede canalizar su poder en sus ataques.

EVOLUCIÓN
No evoluciona.

PALOSSAND

Pokémon Casiarena

Pronunciación: PÁ-lo-sand

Altura: 1,3 m

Tipo: Fantasma-Tierra

Peso: 250 kg

Movimientos: Fortaleza, Absorber, Impresionar, Ataque Arena, Bucle Arena, Megaagotar, Terratemblor, Hipnosis, Defensa Férrea, Gigadrenado, Bola Sombra, Tierra Viva, Recogearena, Tormenta Arena

Para evolucionar, este Pokémon tomó el control de las personas que jugaban en la arena para construir su cuerpo con forma de castillo de arena. Algunos desaparecidos pueden encontrarse a veces enterrados debajo de Palossand, con su vitalidad agotada.

EVOLUCIÓN

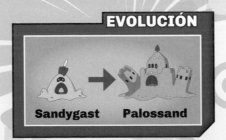

Sandygast   **Palossand**

PANCHAM

Pokémon Juguetón

Pronunciación: PÁN-cham

Tipo: Lucha"

Altura: 0,6 m

Peso: 8 kg

Movimientos: Placaje, Malicioso, Empujón, Avivar, Golpe Kárate, Puño Cometa, Cuchillada, Llave Giro, Tiro Vital, Golpe Cuerpo, Triturar, Danza Amiga, Última Palabra, Gancho Alto

La hoja que Pancham sostiene en su boca no sirve para nada; solo quiere imitar a su héroe, Pangoro. Los Entrenadores que están empezando su viaje pueden tener algunos problemas para manejar a este travieso Pokémon.

EVOLUCIÓN

Pancham → Pangoro

PANGORO
Pokémon Rostro Fiero

Pronunciación:
pan-GÓ-ro

Tipo:
Lucha-Siniestro

Altura: 2,1 m
Peso: 136 kg

Movimientos:
Puño Bala, Machada, Puntapié, Placaje, Malicioso, Empujón, Avivar, Golpe Kárate, Puño Cometa, Cuchillada, Llave Giro, Tiro Vital, Golpe Cuerpo, Triturar, Danza Amiga, Última Palabra, Gancho Alto, Mofa

La hoja de bambú que Pangoro sostiene en su boca le ayuda a seguir los movimientos de su oponente. Solo respetara la autoridad si demuestra la destreza en el combate: un Entrenador podría tener que realizar una prueba de fuerza física antes de que este Pokémon se avenga a escucharle.

EVOLUCIÓN

Pancham → Pangoro

PARAS

Pokémon Hongo

Pronunciación:
PÁ-ras

Tipo:
Bicho-Hierba

Altura:
0,3 m

Peso:
5,4 kg

Movimientos: Arañazo, Paralizador, Polvo Veneno, Absorber, Corte Furia, Esporas, Cuchillada, Desarrollo, Gigadrenado, Aromaterapia, Polvo Ira, Tijera X

Cuando Paras come, lo hace principalmente con el objetivo de alimentar los grandes hongos que crecen en su espalda. Una vez crecidos estos hongos, conocidos como tochukaso, se pueden recoger, secar y moler en polvo para usar en medicina.

EVOLUCIÓN

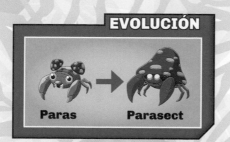

Paras → Parasect

PARASECT

Pokémon Hongo

Pronunciación:
PÁ-ra-sekt

Tipo:
Bicho-Hierba

Altura:
1 m

Peso:
29,5 kg

Movimientos: Veneno X, Arañazo,
Paralizador, Polvo Veneno, Absorber, Corte Furia, Espora, Cuchillada,
Desarrollo, Gigadrenado, Aromaterapia, Polvo Ira, Tijera X

Parasect es apenas un peón del hongo gigante que lo controla.
Las esporas de los hongos son tóxicas, pero tienen propiedades
medicinales para aquellos que son lo suficientemente cuidadosos
como para cosecharlos con seguridad.

EVOLUCIÓN

Paras → Parasect

PASSIMIAN

Pokémon Cooperación

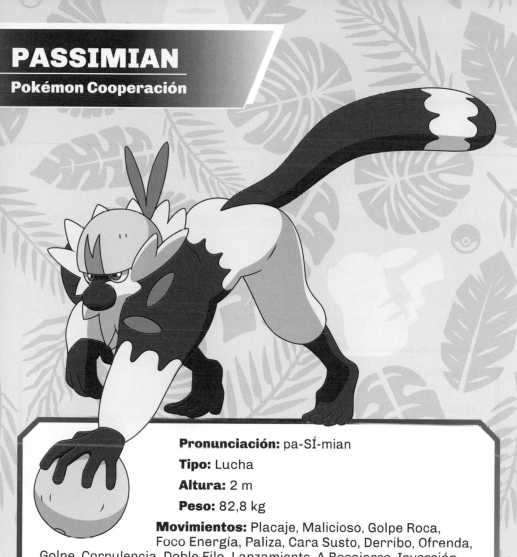

Pronunciación: pa-SÍ-mian

Tipo: Lucha

Altura: 2 m

Peso: 82,8 kg

Movimientos: Placaje, Malicioso, Golpe Roca, Foco Energía, Paliza, Cara Susto, Derribo, Ofrenda, Golpe, Corpulencia, Doble Filo, Lanzamiento, A Bocajarro, Inversión, Giga Impacto

Los Passimian son verdaderos jugadores de equipo: aprenden unos de otros y trabajan juntos en beneficio del grupo. Cada grupo está compuesto por alrededor de unos veinte Passimian, que comparten un vínculo mutuo notablemente fuerte.

EVOLUCIÓN
No evoluciona.

PELIPPER

Pokémon Ave Agua

Pronunciación:
PÉ-li-per

Tipo: Agua-Volador

Altura: 1,2 m

Peso: 28 kg

Movimientos:
Protección,
Vendaval, Hidrobomba, Viento Afín, Anegar, Gruñido,
Pistola Agua, Hidrochorro, Supersónico, Ataque Ala, Neblina,
Hidropulso, Vendetta, Salmuera, Lanzamiento, Reserva, Tragar,
Escupir, Respiro

Los jóvenes machos Pelipper tiene la tarea de recolectar comida
mientras los otros guardan el nido. Con sus picos impresionantemente
amplios, pueden llevar fácilmente suficiente comida para todos.

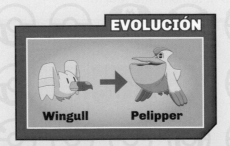

EVOLUCIÓN

Wingull → **Pelipper**

PERSIAN (Forma de Alola)
Pokémon Gato Fino

Pronunciación:
PÉR-sian

Tipo: Siniestro

Altura: 1,1 m

Peso: 33 kg

Movimientos:
Rapidez, Último Lugar, Carantoña, Trapicheo, Arañazo, Gruñido, Mordisco, Sorpresa, Golpes Furia, Chirrido, Finta, Mofa, Joya de Luz, Cuchillada, Maquinación, Buena Baza, Seducción, Tajo Umbrío, Amago, Pulso Umbrío

Los Entrenadores en Alola adoran a Persian por su pelaje, que es liso y tiene textura aterciopelada. Este Pokémon ha desarrollado una actitud arrogante y no le importa jugar sucio cuando entra en combate.

EVOLUCIÓN

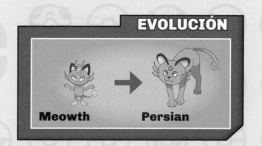

Meowth → Persian

PETILIL
Pokémon Bulbo

Pronunciación:
PÉ-ti-lil

Tipo: Hierba

Altura: 0,5 m

Peso: 6,6 kg

Movimientos: Absorber, Desarrollo. Drenadoras, Somnífero, Megaagotar, Síntesis, Hoja Mágica, Paralizador, Gigadrenado, Aromaterapia, Refuerzo, Eenrgibola, Danza Amiga, Día Soleado, Cede Paso, Lluevehojas

Para Petilil una poda regular es beneficiosa. Las hojas que brotan de su cabeza pueden prepararse en un té que combate la fatiga mental, es decir, ¡si tienes valor como para beber ese brebaje tan amargo!

EVOLUCIÓN

Petilil → Lilligant

PHANTUMP

Pokémon Tocón

Pronunciación:
FÁN-tamp

Tipo: Fantasma-Hierba

Altura: 0,4 m

Peso: 7 kg

Movimientos: Placaje, Rayo Confuso, Impresionar, Desarrollo, Arraigo, Finta, Drenadoras, Maldición, Fuego Fatuo, Condena Silvana, Mismo Destino, Golpe Fantasma, Mazazo, Asta Drenaje

El grito espeluznante de un Phantump es un recordatorio de su origen: un viejo tocón de árbol habitado por el espíritu de un niño perdido. Se dice que las hojas de su cabeza poseen cualidades medicinales.

EVOLUCIÓN

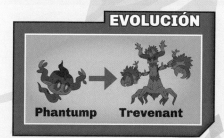

Phantump   Trevenant

PHEROMOSA
Pokémon Elegancia

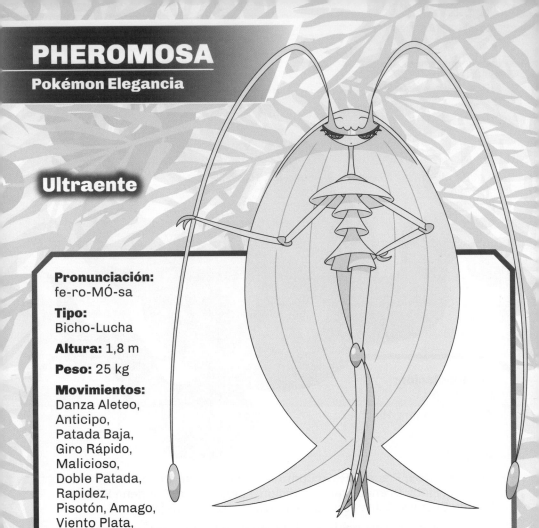

Ultraente

Pronunciación:
fe-ro-MÓ-sa

Tipo:
Bicho-Lucha

Altura: 1,8 m

Peso: 25 kg

Movimientos:
Danza Aleteo,
Anticipo,
Patada Baja,
Giro Rápido,
Malicioso,
Doble Patada,
Rapidez,
Pisotón, Amago,
Viento Plata,
Bote, Patada Salto, Agilidad, Triple Patada, Plancha, Zumbido,
Yo Primero, Patada Salto Alta, Cambia Velocidad

Pheromosa, una de las misteriosas Ultraente, parece sentir una gran preocupación por los gérmenes y no tocará ningún objeto voluntariamente. Algunos testigos dicen que la han visto avanzar cruzando la región a velocidades increíbles.

EVOLUCIÓN
No evoluciona.

PICHU

Pokémon Ratoncito

Pronunciación:
PÍ-chu

Tipo: Eléctrico

Movimientos:
Impactrueno,
Encanto, Látigo,
Beso Dulce,
Maquinación,
Onda Trueno

Altura: 0,3 m

Peso: 2 kg

Pichu es adorable, ¡pero eso no significa
que sea inofensivo! Su Entrenador tiene
que andar con cuidado, porque este
pequeño Pokémon no es muy bueno
controlando su propia electricidad
y, a veces, se da descargas a sí mismo y
a otros.

EVOLUCIÓN

Pichu → Pikachu → Raichu

PIKACHU

Pokémon Ratón

Pronunciación: pi-KÁ-chu

Tipo: Eléctrico

Altura: 0,4 m

Peso: 6 kg

Movimientos: Látigo, Impactrueno, Gruñido, Camaradería, Ataque Rápido, Bola Voltio, Onda Trueno, Doble Equipo, Chispa, Moflete Estático, Chispazo, Atizar, Rayo, Amago, Agilidad, Voltio Cruel, Pantalla de Luz, Trueno

Pikachu almacena electricidad en su cuerpo de forma natural, y necesita desprenderse de esa energía de forma regular para mantener una buena salud. Para aprovechar esta cualidad, se han sugerido la creación de una planta de energía alimentada por Pikachu.

EVOLUCIÓN

Pichu → Pikachu → Raichu

PIKIPEK
Pokémon Carpintero

Pronunciación:
PÍ-ki-pek

Tipo: Normal Volador

Altura: 0,3 m

Peso: 1,2 kg

Movimientos: Picotazo, Gruñido, Eco Voz, Golpe Roca, Supersónico, Picoteo, Respiro, Ataque Furia, Chirrido, Pico Taladro, Recurrente, Danza Pluma, Vozarrón

¡Pikipek puede perforar el tronco de un árbol golpeándolo a razón de dieciséis picotazos por segundo! Utiliza el agujero resultante como un lugar para anidar y para almacenar bayas, tanto para alimentarse como para usarlas como municiones.

EVOLUCIÓN

Pikipek → Trumbeak → Toucannon

PINSIR

Pokémon Escarabajo

Pronunciación: PÍN-sir

Tipo: Bicho

Altura: 1,5 m

Peso: 55 kg

Movimientos:
Agarre, Foco Energía, Atadura, Movimiento Sísmico, Fortaleza, Desquite, Tiro Vital, Doble Golpe, Demolición, Tijera X, Sumisión, Llave Corsé, Golpe, Danza Espada, Fuerza Bruta, Guillotina

Aunque Pinsir sea increíblemente resistente, no puede hacer frente a un clima frío, por lo que se siente como en casa en Alola, aunque se encuentra compitiendo con el Vikavolt nativo. Sus cuernos pueden levantar un enemigo mucho más grande o incluso derribar un árbol.

EVOLUCIÓN

No evoluciona.

POLITOED

Pokémon Rana

Pronunciación:
PÓ-li-toud

Tipo: Agua   **Altura:** 1,1 m

Peso: 33,9 kg

Movimientos: Rayo Burbuja, Hipnosis, Doble Bofetón, Canto Mortal, Contoneo, Bote, Vozarrón

Cuando varios Politoed se reúnen para cantar bajo la luna, el sonido airado de sus gritos hace que suene como si estuvieran teniendo una acalorada discusión. Poliwag y Poliwhirl consideran a este Pokémon como un líder.

EVOLUCIÓN

Poliwag → Poliwhirl → Politoed

POLIWAG

Pokémon Renacuajo

Pronunciación:
PÓ-li-uag

Tipo: Agua

Altura: 0,6 m

Peso: 12,4 kg

Movimientos: Hidrochorro, Pistola Agua, Hipnosis, Burbuja, Doble Bofetón, Danza Lluvia, Golpe Cuerpo, Rayo Burbuja, Disparo Lodo, Tambor, Espabila, Hidrobomba, Bomba Fango

La piel de Poliwag es tan delgada que a través de ella se puede ver el interior en forma de espiral de este Pokémon. No es muy hábil para caminar en tierra firme, pero un Entrenador puede ayudarlo a mejorar.

EVOLUCIÓN

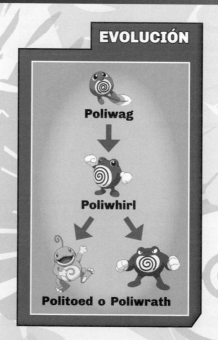

Poliwag

Poliwhirl

Politoed o Poliwrath

POLIWHIRL

Pokémon Renacuajo

Pronunciación:
PÓ-li-uirl

Tipo: Agua   **Altura:** 1 m

Peso: 20 kg

Movimientos: Hidrochorro, Pistola Agua, Hipnosis, Burbuja, Doble Bofetón, Danza Lluvia, Golpe Cuerpo, Rayo Burbuja, Disparo Lodo, Tambor, Espabila, Hidrobomba, Bomba Fango

Poliwhirl es anfibio, y se siente por igual en casa en la tierra o en el agua. Sopesa las opciones cuidadosamente, ya que aunque hay más comida en tierra, también es más probable que sea atacado por Pokémon peligrosos.

EVOLUCIÓN

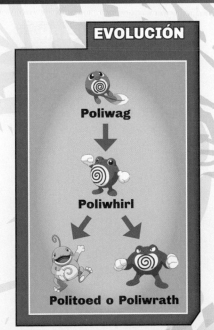

Poliwag

Poliwhirl

Politoed o Poliwrath

POLIWRATH

Tadpole Pokémon

Pronunciación:
PÓ-li-rraz

Tipo: Agua-Lucha

Altura: 1,3 m

Peso: 54 kg

Movimientos: Sumisión, Llave Giro, Rayo Burbuja, Hipnosis, Doble Bofetón, Puño Dinámico, Telépata

Los niños en Alola a menudo aprenden a nadar viendo a Poliwrath cortar las olas con su poderosa brazada. El cuerpo de este Pokémon tiene una gran densidad muscular, por lo que debe nadar en lugar de flotar.

EVOLUCIÓN

Poliwag

↓

Poliwhirl

↓

Poliwrath

POPPLIO

Pokémon León Marino

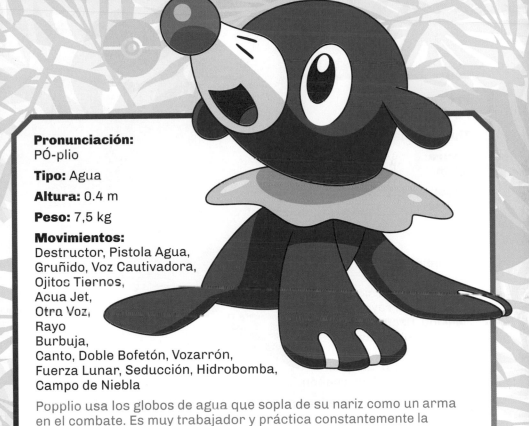

Pronunciación:
PÓ-plio

Tipo: Agua

Altura: 0.4 m

Peso: 7,5 kg

Movimientos:
Destructor, Pistola Agua, Gruñido, Voz Cautivadora, Ojitos Tiernos, Acua Jet, Otra Voz, Rayo Burbuja, Canto, Doble Bofetón, Vozarrón, Fuerza Lunar, Seducción, Hidrobomba, Campo de Niebla

Popplio usa los globos de agua que sopla de su nariz como un arma en el combate. Es muy trabajador y práctica constantemente la creación y el control de estos globos.

EVOLUCIÓN

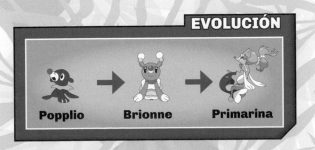

Popplio → Brionne → Primarina

PORYGON

Pokémon Virtual

Pronunciación:
PÓ-ri-gon

Tipo: Normal

Altura:
0,8 m

Peso:
36,5 kg

Movimientos:
Conversión 2,
Placaje, Conversión,
Afilar, Psicorrayo,
Agilidad, Recuperación,
Levitón, Doble Rayo,
Reciclaje, Chispazo,
Fijar Blanco, Triataque,
Capa Mágica, Electrocañón

Los Porygon se crearon por primera vez hace unos veinte años, y en ese momento, se hicieron con lo que era la tecnología más puntera y de vanguardia. Al convertirse en datos, este Pokémon puede viajar a través del ciberespacio.

EVOLUCIÓN

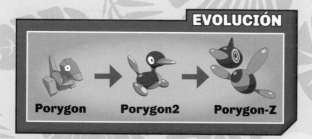

Porygon → Porygon2 → Porygon-Z

PORYGON-Z

Pokémon Virtual

Pronunciación:
PÓ-ri-gon ZÉ-ta

Tipo: Normal

Altura: 0,9 m   **Peso:** 34 kg

Movimientos: Espacio Raro, Electrocañón, Capa Mágica, Conversión 2, Placaje, Conversión, Maquinación, Psicorrayo, Agilidad, Recuperación, Levitón, Doble Rayo, Embargo, Chispazo, Fijar Blanco, Triataque, Electrocañón, Hiperrayo

Porygon-Z se sometió a una actualización de programación que se suponía que debía permitirle viajar entre dimensiones. Después, sin embargo, comenzó a mostrar un comportamiento extraño debido a un problema técnico en el nuevo programa.

EVOLUCIÓN

Porygon   Porygon2   Porygon-Z

PORYGON2

Pokémon Virtual

Pronunciación:

PÓ-ri-gon DÓS

Tipo: Normal

Altura: 0,6 m

Peso: 32,5 kg

Movimientos: Electrocañón, Capa Mágica, Conversión 2, Placaje, Conversión, Rizo Defensa, Psicorrayo, Agilidad, Recuperación, Levitón, Doble Rayo, Reciclaje, Chispazo, Fijar Blanco, Triataque, Capa Mágica, Electrocañón, Hiperrayo

Porygon2 nació cuando los programadores actualizaron el Porygon original con la última tecnología. Su objetivo era plantear nuevos desarrollos en otros planetas, pero aún no ha sucedido.

EVOLUCIÓN

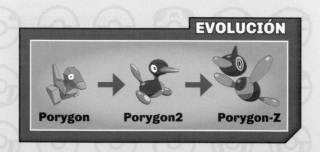

Porygon → Porygon2 → Porygon-Z

PRIMARINA

Pokémon Solista

Pronunciación:
pri-ma-RÍ-na

Tipo: Agua-Hada

Altura: 1,8 m

Peso: 44 kg

Movimientos: Aria Burbuja, Destructor, Pistola Agua, Gruñido, Voz Cautivadora, Ojitos Tiernos, Acua Jet, Otra Vez, Rayo Burbuja, Canto, Doble Bofetón, Vozarrón, Fuerza Lunar, Seducción, Hidrobomba, Campo de Niebla

La voz de este Pokémon es un arma delicada y poderosa, que utiliza para atacar a sus rivales y para controlar los globos de agua que puede crear. Grupos de Primarina enseñan estas canciones de combate a la próxima generación.

EVOLUCIÓN

Popplio → Brionne → Primarina

PRIMEAPE

Pokémon Mono Cerdo

Pronunciación:
PRÁIM-eip

Tipo: Lucha

Altura: 1 m

Peso: 32 kg

Movimientos: Furia, Sacrificio, Lanzamiento, Arañazo, Patada Baja, Malicioso, Foco Energía, Golpes Furia, Golpe Kárate, Persecución, Movimiento Sísmico, Contoneo, Tajo Cruzado, Buena Baza, Castigo, Golpe, A Bocajarro, Chirrido, Pataleta, Enfado

La furia de Primeape puede ser tan intensa que las salvajes emociones que recorren su cuerpo ponen en peligro su propia salud. Incluso devolverlo a su Poké Ball podría no bastar para calmarlo.

EVOLUCIÓN

Mankey → **Primeape**

PROBOPASS

Pokémon Brújula

Pronunciación:
PRÓ-bo-pas

Tipo: Roca-Acero

Altura: 1,4 m **Peso:** 340 kg

Movimientos: Triataque, Aura Magnética, Levitón, Gravedad, Vastaguardia, Placaje, Defensa Férrea, Bloqueo, Bomba Imán, Onda Trueno, Descanso, Chispa, Avalancha, Joya de Luz, Pedrada, Chispazo, Tormenta Arena, Tierra Viva, Roca Afilada, Fijar Blanco, Electrocañón

Probopass organiza sus tres pequeñas mininarices en maniobras estratégicas para flanquear a un rival en combate. El campo magnético que rodea a este Pokémon puede interrumpir o anular los dispositivos eléctricos de la zona.

EVOLUCIÓN

Nosepass → Probopass

PSYDUCK

Pokémon Pato

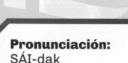

Pronunciación:
SÁI-dak

Tipo: Agua

Altura: 0,8 m

Peso: 19,6 kg

Movimientos:
Hidrochorro, Arañazo, Látigo, Pistola Agua, Confusión, Golpes Furia, Hidropulso, Anulación, Chirrido, Cabezazo Zen, Acua Cola, Anegar, Más Psique, Amnesia, Hidrobomba, Zona Extraña

El pobre Psyduck sufre terribles dolores de cabeza, que de alguna manera mejoran sus poderes psíquicos, pero a menudo se siente demasiado mal como para controlar esos poderes. El dolor puede ser lo suficientemente intenso como para hacerlo llorar.

EVOLUCIÓN

Psyduck → Golduck

PYUKUMUKU

Pokémon Pepino Mar

Pronunciación:
piu-ku-MÚ-ku

Tipo: Agua   **Altura:** 0,3 m   **Peso:** 1,2 kg

Movimientos: Relevo, Hidrochorro, Chapoteo Lodo, Fortaleza, Venganza, Refuerzo, Mofa, Velo Sagrado, Contraataque, Purificación, Maldición, Bilis, Divide Dolor, Recuperación, Anegar, Tóxico, Legado

Pyukumuku tiene un arma tan notable como repugnante que usa en combate: puede vomitar sus tripas para atacar a su oponente. Está cubierto de una baba pegajosa, que los bañistas pueden usar para calmar su piel después de una quemadura solar.

EVOLUCIÓN
No evoluciona.

RAICHU (Forma de Alola)

Pokémon Ratón

Pronunciación:
RÁI-chu

Tipo:
Eléctrico-Psíquico

Altura:
0,7 m

Peso: 21 kg

Movimientos:
Psíquico,
Cambia Velocidad,
Impactrueno, Látigo,
Ataque Rápido, Rayo

Los investigadores especulan que Raichu tiene un aspecto diferente en la región de Alola debido a su alimentación. Puede "surfear" sobre su propia cola, manteniéndose de pie sobre la superficie plana y usando su poder psíquico para levantarse del suelo.

EVOLUCIÓN

Pichu → Pikachu → Raichu

RAMPARDOS

Pokémon Cabezazo

Pronunciación:
ram-PÁR-dos

Tipo: Roca

Altura: 1,6 m

Peso: 102,5 kg

Movimientos: Esfuerzo, Golpe Cabeza, Malicioso, Foco Energía, Persecución, Derribo, Cara Susto, Buena Baza, Guardia Baja, Poder Pasado, Cabezazo Zen, Chirrido, Testarazo

Un Golpe Cabeza de Rampardos es lo suficientemente poderoso como para derribar un edificio alto. Para adaptarse a este rudo tratamiento, su cráneo se ha vuelto muy grueso y duro, lo que desafortunadamente no deja mucho espacio para su cerebro.

EVOLUCIÓN

Cranidos → Rampardos

RATICATE (Forma de Alola)

Pokémon Ratón

Pronunciación:
RÁ-ti-keit

Tipo: Siniestro-Normal

Altura: 0,7 m

Peso: 25,5 kg

Movimientos:
Cara Susto, Danza Espada,
Placaje, Látigo, Foco Energía, Ataque Rápido, Mordisco, Persecución,
Hipercolmillo, Buena Baza, Triturar, Golpe Bajo, Superdiente,
Doble Filo, Esfuerzo

Cada Raticate lidera un grupo de Rattata, y los grupos se pelean
regularmente por la comida. Este Pokémon es en realidad bastante
exigente con lo que come, por lo que un restaurante donde viva
Raticate es probable que sea bueno.

EVOLUCIÓN

Rattata → Raticate

RATTATA (Forma de Alola)

Pokémon Ratón

Pronunciación:
RÁ-ta-ta

Tipo: Siniestro-Normal

Altura: 0,3 m

Peso: 3,8 kg

Movimientos: Placaje, Látigo, Ataque Rápido, Foco Energía, Mordisco, Persecución, Hipercolmillo, Buena Baza, Triturar, Golpe Bajo, Superdiente, Doble Filo, Esfuerzo

Las Rattata duermen durante el día y se pasan la noche en busca de la mejor comida para llevarla al Raticate que sea su líder. Usan sus fuertes dientes para roer en las cocinas de los seres humanos.

EVOLUCIÓN

Rattata → Raticate

RELICANTH

Pokémon Longevo

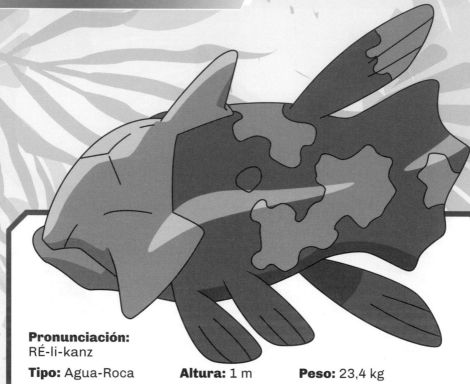

Pronunciación:
RÉ-li-kanz

Tipo: Agua-Roca   **Altura:** 1 m   **Peso:** 23,4 kg

Movimientos: Azote, Testarazo, Placaje, Fortaleza, Chapoteo Lodo, Pistola Agua, Tumba Rocas, Poder Pasado, Buceo, Derribo, Bostezo, Descanso, Hidrobomba, Doble Filo

El aspecto de Relicanth es hoy día muy parecido a como era hace cien millones de años. La abundante grasa dentro de sus cuerpos les ayuda a sobrevivir a la presión y el frío de su hogar en las profundidades marinas.

EVOLUCIÓN
No evoluciona.

RIBOMBEE

Pokémon Mosca Abeja

Pronunciación:
RÍ-bom-bi

Tipo: Bicho-Hada

Altura: 0,2 m

Peso: 0,5 kg

Movimientos: Bola de Polen, Absorber, Viento Feérico, Paralizador, Estoicismo, Viento Plata, Beso Drenaje, Dulce Aroma, Zumbido, Brillo Mágico, Aromaterapia, Danza Aleteo

Ribombee recoge polen y forma con él una variedad de borlas con diferentes efectos. Algunas de estas bolas mejoran las habilidades de batalla y se pueden usar como suplementos, mientras que otras simplemente proporcionan una excelente nutrición.

EVOLUCIÓN

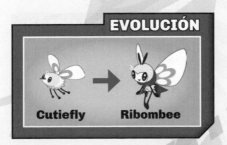

Cutiefly → Ribombee

RIOLU
Pokémon Emanación

Pronunciación:
RIÓ-lu

Tipo: Lucha

Altura: 0,7 m

Peso: 20,2 kg

Movimientos: Profecía, Ataque Rápido, Aguante, Contraataque, Amago, Palmeo, Copión, Chirrido, Inversión, Maquinación, Sacrificio

Riolu tiene una bien ganada reputación en tanto que trabajador fuerte y dotado de una gran resistencia. Puede percibir las auras de los demás, ya sean personas o Pokémon, y utiliza este sentido para determinar cómo se encuentran física y emocionalmente.

EVOLUCIÓN

Riolu → Lucario

ROCKRUFF

Pokémon Perrito

Pronunciación:
RÓK-rraf

Tipo: Roca

Altura: 0,5 m

Peso: 9,2 kg

Movimientos:
Placaje,
Malicioso,
Ataque Arena,
Mordisco,
Aullido,
Lanzarrocas,
Rastreo,
Tumba Rocas, Rugido, Trampa Rocas, Avalancha, Cara Susto,
Triturar, Treparrocas, Roca Afilada

Rockruff tiene una larga historia de convivencia en armonía con las personas. Este amigable Pokémon a menudo se recomienda para los Entrenadores que acaban de empezar su viaje, aunque tiende a desarrollar un carácter un tanto salvaje a medida que crece.

EVOLUCIÓN

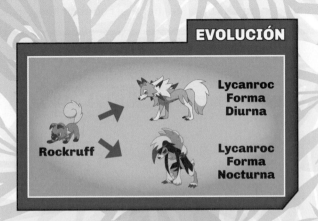

Rockruff → Lycanroc Forma Diurna

Rockruff → Lycanroc Forma Nocturna

ROGGENROLA

Pokémon Manto

Pronunciación:
rog-en-RÓ-la

Tipo: Roca

Altura: 0,4 m

Peso: 18 kg

Movimientos: Placaje, Fortaleza, Ataque Arena, Golpe Cabeza, Pedrada, Bofetón Lodo, Defensa Férrea, Antiaéreo, Avalancha, Trampa Rocas, Tormenta Arena, Roca Afilada, Explosión

La cavidad que ocupa gran parte del cuerpo de Roggenrola es una oreja, que le permite detectar los sonidos en la oscuridad de su hogar subterráneo. Estos Pokémon pueden hacer la competencia a Carbink y a Geodude si se trata de ver quién tiene el recubrimiento más duro.

EVOLUCIÓN

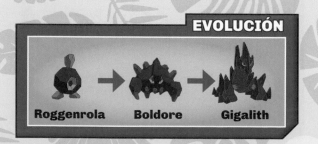

Roggenrola → Boldore → Gigalith

ROWLET

Pokémon Pluma Hoja

Pronunciación:
RÁU-let

Tipo: Hierba-Volador

Altura: 0,3 m

Peso: 1,5 kg

Movimientos: Placaje, Follaje, Gruñido, Picotazo, Impresionar, Hoja Afilada, Profecía, Picoteo, Síntesis, Ataque Furia, Golpe Bajo, Hoja Aguda, Danza Pluma, Pájaro Osado, Maquinación

Durante el día, Rowlet descansa y genera energía a través de la fotosíntesis. Por la noche, vuela en silencio para acercarse sigilosamente a sus rivales y lanzar una ráfaga de ataques, fundamentalmente patadas.

EVOLUCIÓN

Rowlet → Dartrix → Decidueye

RUFFLET

Pokémon Aguilucho

Pronunciación: RÁF-let

Tipo: Normal-Volador

Altura: 0,5 m

Peso: 10,5 kg

Movimientos: Picotazo, Malicioso, Ataque Furia, Ataque Ala, Afilagarras, Cara Susto, Golpe Aéreo, Cuchillada, Despejar, Viento Afín, Tajo Aéreo, Garra Brutal, Caída Libre, Remolino, Pájaro Osado, Golpe

Rufflet aún no ha aprendido a controlar sus impulsos agresivos, y por eso está dispuesto a enfrentarse a cualquier oponente. Cada derrota lo hace más fuerte, lo que refuerza su comportamiento imprudente.

EVOLUCIÓN

Rufflet → **Braviary**

SABLEYE

Darkness Pokémon

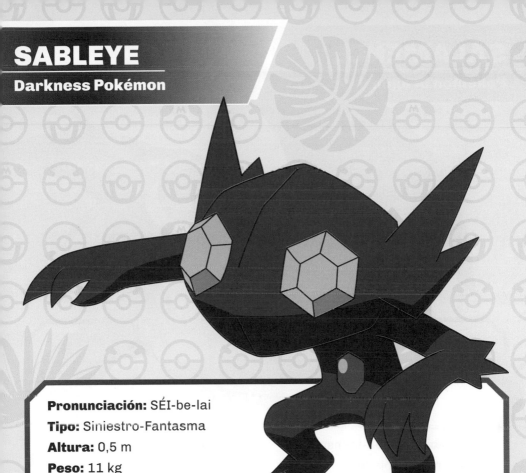

Pronunciación: SÉI-be-lai

Tipo: Siniestro-Fantasma

Altura: 0,5 m

Peso: 11 kg

Movimientos: Malicioso, Arañazo, Profecía, Tinieblas, Impresionar, Golpes Furia, Detección, Sombra Vil, Finta, Sorpresa, Castigo, Desarme, Garra Umbría, Rayo Confuso, Cabezazo Zen, Joya de Luz, Bola Sombra, Juego Sucio, Último Lugar, Mal de Ojo

A menudo se ve a Sableye persiguiendo a Carbink para satisfacer su gusto por las piedras preciosas. Las leyendas cuentan que este Pokémon de ojos preciosos puede arrebatarte tu espíritu, por lo que muchas personas lo evitan.

EVOLUCIÓN

No evoluciona.

Pronunciación: SÁ-la-mens

Tipo: Dragón-Volador

Altura: 1,5 m

Peso: 102,6 kg

Movimientos: Vuelo, Protección, Cola Dragón, Colmillo Ígneo, Colmillo Rayo, Furia, Ascuas, Malicioso, Mordisco, Dragoaliento, Golpe Cabeza, Foco Energía, Triturar, Garra Dragón, Cabezazo Zen, Cara Susto, Lanzallamas, Doble Filo

En su alegría por ser capaz al fin de volar, Salamence a veces resulta un poco pendenciero. Su feroz celebración puede ser peligrosa para los campos y propiedades cercanas. También tiene cierta inclinación hacia destructivos ataques de ira.

EVOLUCIÓN

Bagon → **Shelgon** → **Salamence**

SALANDIT
Pokémon Lagartoxina

Pronunciación: oo-LÁN-dit

Tipo: Veneno-Fuego

Altura: 0,6 m **Peso:** 4,8 kg

Movimientos: Arañazo, Gas Venenoso, Ascuas, Dulce Aroma, Furia Dragón, Polución, Doble Bofetón, Pirotecnia, Tóxico, Maquinación, Carga Tóxica, Lanzallamas, Trampa Venenosa, Pulso Dragón

Salandit emite un gas tóxico que causa mareos y confusión cuando se inhala. Utiliza este gas para distraer a los rivales antes de lanzar sus ataques. Estos Pokémon a menudo se pueden encontrar viviendo en las laderas de los volcanes.

EVOLUCIÓN

Salandit → Salazzle

SALAZZLE

Pokémon Lagartoxina

Pronunciación:
sa-LÁ-zel

Tipo:
Veneno-Fuego

Altura: 1,2 m

Peso: 22,2 kg

Movimientos:
Seducción,
Anulación,
Otra Vez,
Tormento,
Contoneo,
Destructor,
Gas Venenoso,
Ascuas,
Dulce Aroma,
Furia Dragón, Polución, Doble Bofetón,
Pirotecnia, Tóxico, Maquinación, Carga Tóxica,
Lanzallamas, Trampa Venenosa, Pulso Dragón

Aparentemente, todos los Salazzle son hembras. Tienden a atraer a su lado a varios machos Salandit y viven juntos en un grupo. El gas venenoso que emiten contiene poderosas feromonas y algunas veces se usa como un ingrediente en perfumería.

EVOLUCIÓN

Salandit → Salazzle

SANDILE

Pokémon Desierdilo

Pronunciación: SÁN-dall

Tipo: Tierra-Siniestro

Altura: 0,7 m   **Peso:** 15,2 kg

Movimientos: Malicioso, Furia, Mordisco, Ataque Arena, Tormento, Bucle Arena, Buena Baza, Bofetón Lodo, Embargo, Contoneo, Triturar, Excavar, Cara Susto, Juego Sucio, Tormenta Arena, Terremoto, Golpe

Conviene estar ojo avizor cuando camines por el desierto. A los Sandile les gusta enterrarse en la arena, donde permanecen ocultos y protegidos del sol, y si dando un paseo llegas a pisar alguno ¡es más que posible que te muerdan!

EVOLUCIÓN

Sandile   Krokorok   Krookodile

SANDSHREW (Forma de Alola)

Pokémon Ratón

Pronunciación:
SÁNDS-ru

Tipo: Hielo-Acero

Altura: 0,7 m   **Peso:** 40 kg

Movimientos: Arañazo, Rizo Defensa, Venganza, Nieve Polvo, Bola Hielo, Giro Rápido, Corte Furia, Garra Metal, Rapidez, Golpe Furia, Defensa Férrea, Cuchillada, Cabeza de Hierro, Giro Bola, Danza Espada, Granizo, Ventisca

Sandshrew vive en lo alto de las montañas nevadas de Alola, donde ha desarrollado un caparazón de grueso acero. Es muy bueno para deslizarse sobre el hielo, ¡tanto si lo hace por su propia voluntad como si es parte de un concurso de lanzamiento de Sandshrew!

EVOLUCIÓN

Sandshrew   **Sandslash**

SANDSLASH (Forma de Alola)

Pokémon Ratón

Pronunciación:
SÁNDS-las

Tipo: Hielo-Acero

Altura:
1,2 m

Peso: 55 kg

Movimientos:
Carámbano,
Represión Metal, Chuzos,
Cuchillada, Rizo Defensa,
Bola Hielo, Garra Metal

Sandslash está cubierto de púas de acero resistente, y en las frías montañas donde vive, cada púa queda cubierta por una gruesa capa de hielo. Una nube de polvo de nieve se levanta detrás de él mientras corre a través de las laderas nevadas.

EVOLUCIÓN

Sandshrew → Sandslash

SANDYGAST

Pokémon Montearena

Pronunciación:
SÁN-di-gast

Tipo: Fantasma-Tierra

Altura: 0,5 m

Peso: 70 kg

Movimientos: Fortaleza, Absorber, Impresionar, Ataque Arena, Bucle Arena, Megaagotar, Terratemblor, Hipnosis, Defensa Férrea, Gigadrenado, Bola Sombra, Tierra Viva, Recogearena, Tormenta Arena

Un niño creó un montículo de arena mientras jugaba en la playa, y se convirtió en un Sandygast. Si pones la mano en su boca, será una forma segura de caer presa de su control mental.

EVOLUCIÓN

Sandygast → Palossand

SCIZOR
Pokémon Tenaza

Pronunciación:
SÍ-sor

Tipo:
Bicho-Acero

Altura:
1,8 m

Peso:
118 kg

Movimientos:
Puño Bala,
Ataque Rápido,
Malicioso,
Foco Energía,
Persecución,
Falsotortazo,
Agilidad,
Garra Metal,
Corte Furia, Cuchillada, Viento Cortante, Defensa Férrea, Tijera X,
Tajo Umbrío, Doble Golpe, Cabeza de Hierro, Danza Espada, Amago

Cuando el sol calienta, o cuando una batalla realmente alcanza
elevados niveles de ardor y furia, Scizor puede liberar calor
a través de sus alas para evitar que su cuerpo metálico se derrita.
Sus tenazas duras como el acero lanzan golpes despiadados.

EVOLUCIÓN

Scyther → Scizor

SCYTHER

Pokémon Mantis

Pronunciación:
SÁI-zer

Tipo:
Bicho-Volador

Altura: 1,5 m

Peso: 56 kg

Movimientos: Onda Vacío, Ataque Rápido, Malicioso, Foco Energía, Persecución, Falsotortazo, Agilidad, Ataque Ala, Corte Furia, Cuchillada, Viento Cortante, Doble Equipo, Tijera X, Tajo Umbrío, Doble Golpe, Tajo Aéreo, Danza Espada, Amago

La impresionante velocidad de Scyther suele dejar desconcertados a sus oponentes, lo que le da la oportunidad de cortarles con sus afiladas guadañas. Los jóvenes Scyther viven en las montañas, donde forman grupos para entrenar estas habilidades.

EVOLUCIÓN

Scyther → Scizor

SEAKING

Pokémon Ratón

Pronunciación:
SÍI-king

Tipo: Agua

Altura: 1,3 m

Peso: 39 kg

Movimientos:
Megacuerno, Puya Nociva,
Picotazo, Látigo, Hidrochorro, Supersónico, Cornada, Azote, Hidropulso,
Acua Aro, Ataque Furia, Agilidad, Cascada, Perforador, Anegar

Cuando llega el otoño, Seaking se vuelve rojo oscuro, como las hojas
de los árboles. Los admiradores de este Pokémon tienden a discutir
sobre cuál de sus características es más admirable: sus aletas
o su cuerno.

EVOLUCIÓN

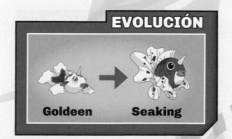

Goldeen → Seaking

SHARPEDO
Pokémon Voraz

Pronunciación:
shar-PÍ-do

Tipo:
Agua-Siniestro

Altura:
1,8 m

Peso:
88,8 kg

Movimientos: Cuchillada, Tajo Umbrío, Amago, Malicioso, Mordisco, Furia, Foco Energía, Acua Jet, Buena Baza, Chirrido, Contoneo, Colmillo Hielo, Cara Susto, Colmillo Veneno, Triturar, Agilidad, Cabezazo, Mofa

Sharpedo puede salir disparado a 120 kilómetros por hora cuando persigue a un enemigo. Este bravucón del mar tiene dientes lo suficientemente fuertes como para aplastar el hierro, y la aleta de su espalda es muy apreciada por los pescadores.

EVOLUCIÓN

Carvanha → Sharpedo

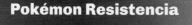

SHELGON
Pokémon Resistencia

Pronunciación:
SHÉL-gon

Tipo: Dragón

Altura: 1,1 m

Peso: 110,5 kg

Movimientos: Protección, Furia, Ascuas, Malicioso, Mordisco, Dragoaliento, Golpe Cabeza, Foco Energía, Triturar, Garra Dragón, Cabezazo Zen, Cara Susto, Lanzallamas, Doble Filo

Desde el exterior, Shelgon aparenta estar completamente inmóvil mientras espera su Evolución, pero dentro de su caparazón, está experimentando rápidos cambios a nivel celular. Durante este período, se esconde en una cueva y no consume ni comida ni agua.

EVOLUCIÓN

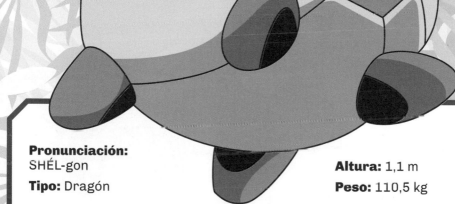

Bagon → Shelgon → Salamence

SHELLDER

Pokémon Bivalvo

Pronunciación:
SHÉL-der

Tipo: Agua

Altura: 0,3 m

Peso: 4 kg

Movimientos: Placaje,
Pistola Agua, Refugio,
Supersónico, Carámbano,
Protección, Malicioso, Tenaza, Canto Helado, Concha Filo,
Rayo Aurora, Torbellino, Salmuera, Defensa Férrea, Rayo Hielo,
Rompecoraza, Hidrobomba

Las cáscaras de Shellder son tan duras y resistentes que en el
pasado las utilizaban para hacer escudos. Si el Pokémon acaba
por meter la lengua dentro de ella, nada podrá llegar hasta él.

EVOLUCIÓN

Shellder → Cloyster

SHELLOS (DEL ESTE)

Pokémon Babosa Marina

Pronunciación:
SHÉ-los

Tipo: Agua

Altura: 0,3 m

Peso: 6,3 kg

Movimientos: Bofetón Lodo, Chapoteo Lodo, Fortaleza, Hidropulso, Bomba Fango, Poder Oculto, Danza Lluvia, Golpe Cuerpo, Agua Lodosa, Recuperación

Los Shellos del Mar del Este son de color azul brillante, reflejando el color de su hogar en el océano. Aunque las dos variantes de Shellos parecen bastante diferentes entre sí, tienen las mismas habilidades y comportamientos en combate.

EVOLUCIÓN

Shellos
(del Este) → Gastrodon
(del Este)

SHELLOS (DEL OESTE)

Pokémon Babosa Marina

Pronunciación: SHÉ-los

Tipo: Agua

Altura: 0,3 m   **Peso:** 6,3 kg

Movimientos: Bofetón Lodo, Chapoteo Lodo, Fortaleza, Hidropulso, Bomba Fango, Poder Oculto, Danza Lluvia, Golpe Cuerpo, Agua Lodosa, Recuperación

Los Shellos que viven a la orilla del mar tienen una coloración variada dependiendo de dónde viven y qué comen. Los Shellos del Mar del Oeste son de color rosa brillante.

EVOLUCIÓN

Shellos (del Oeste) → Gastrodon (del Oeste)

SHIELDON

Pokémon Escudo

Pronunciación:
SHÍL-don

Tipo: Roca-Acero

Altura: 0,5 m

Peso: 57 kg

Movimientos: Placaje, Protección, Mofa, Eco Metálico, Derribo, Defensa Férrea, Contoneo, Poder Pasado, Aguante, Represión Metal, Cabeza de Hierro, Cuerpo Pesado

En tiempos, este antiguo Pokémon vivió en la jungla. Allí se han hallado muchos fósiles de Shieldon, y la pesada armadura que protege aún hoy la cara de este Pokémon generalmente está bien preservada.

EVOLUCIÓN

Shieldon → Bastiodon

SHIINOTIC

Pokémon Luminiscente

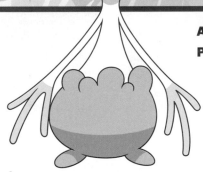

Pronunciación:
shi-NÓ-tik

Tipo: Hierba-Hada

Movimientos:
Absorber,
Impresionar,
Arraigo, Destello,
Luz Lunar,
Megaagotar,
Somnífero, Rayo Confuso,
Gigadrenado, Absorbefuerza, Espora, Fuerza Lunar, Come Sueños,
Foco

Altura: 1 m
Peso: 11,5 kg

Es mala idea deambular por el bosque que sea hogar de Shiinotic por la noche. Las luces extrañas y parpadeantes que emiten las esporas de este Pokémon pueden confundir a los viajeros y hacer que se pierdan.

EVOLUCIÓN

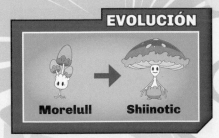

Morelull → Shiinotic

SILVALLY

Synthetic Pokémon

Pokémon Legendario

Pronunciación:
sil-VÁ-li

Tipo:
Normal

Altura: 2,3 m

Peso: 100,5 kg

Movimientos:
Multiataque, Anticura, Cerca, Cabeza de Hierro, Colmillo Veneno, Colmillo Ígneo, Colmillo Hielo, Colmillo Rayo, Placaje, Furia, Persecución, Mordisco, Golpe Aéreo, Garra Brutal, Cara Susto, Tijera X, Derribo, Eco Metálico, Triturar, Doble Golpe, Tajo Aéreo, Castigo, Viento Cortante, Triataque, Doble Filo, Última Palabra

Aprender a confiar en su Entrenador hizo que este Pokémon evolucionara y descartara la máscara que mantenía su poder controlado. Silvally puede cambiar su tipo en la batalla, lo que le convierte en un rival formidable.

EVOLUCIÓN

Código Cero → Silvally

SKARMORY

Pokémon Coraza Ave

Pronunciación:
es-KÁR-mo-ri

Tipo: Acero-Volador

Altura: 1,7 m

Peso: 50,5 kg

Movimientos:
Malicioso,
Picotazo, Ataque Arena,
Garra Metal, Aire Afilado, Ataque Furia,
Amago, Rapidez, Púas, Agilidad, Ala de Acero, Cuchillada,
Eco Metálico, Tajo Aéreo, Aligerar, Tajo Umbrío

Skarmory muda sus plumas de bordes afilados a medida que crece, y los guerreros de la antigüedad solían recogerlas para usarlas como armas. Cuando llueve, Skarmory permanece en su nido para que su metal no se oxide.

EVOLUCIÓN
No evoluciona.

Pronunciación: SLÍ-gu

Tipo: Dragón

Altura: 0,8 m   **Peso:** 17,5 kg

Movimientos: Placaje, Burbuja, Absorber, Protección, Venganza, Dragoaliento, Danza Lluvia, Azote, Golpe Cuerpo, Agua Lodosa, Pulso Dragón

Sliggoo no tiene dientes, por lo que tiene que disolver su comida antes de alimentarse. El moco que genera puede causar que casi todo se derrita, con suficiente tiempo.

EVOLUCIÓN

Goomy   Sliggoo   Goodra

SLOWBRO

Pokémon Ermitaño

Pronunciación:
SLÓU-bro

Tipo: Agua-Psíquico

Altura: 1,6 m

Peso: 78,5 kg

Movimientos: Refugio, Pulso Cura,
Maldición, Bostezo, Placaje, Gruñido, Pistola Agua, Confusión,
Anulación, Golpe Cabeza, Hidropulso, Cabezazo Zen, Relajo, Amnesia,
Psíquico, Danza Lluvia, Más Psique

Gracias a la mordedura venenosa de Shellder, Slowbro se ha vuelto
aún más atolondrado, y es feliz si puede mirar el mar y dejar que su
mente divague. Ocasionalmente se sobresalta con un instante de
perspicacia, pero ese momento pasa igual de rápido.

EVOLUCIÓN

Slowpoke → **Slowbro**

SLOWKING

Pokémon Regio

Pronunciación:
SLÓU-king

Tipo: Agua-Psíquico

Altura: 2 m

Peso: 79,5 kg

Movimientos: Pulso Cura, Joya de Luz, Poder Oculto, Maldición, Bostezo, Placaje, Gruñido, Pistola Agua, Confusión, Anulación, Golpe Cabeza, Hidropulso, Cabezazo Zen, Maquinación, Contoneo, Psíquico, As Oculto, Más Psique

Cuando Slowking fue mordido en la cabeza, los venenos liberados interactuaron con su organismo de una forma misteriosa, mejorando su capacidad intelectual hasta el punto de convertirse en un genio.

EVOLUCIÓN

Slowpoke → Slowking

SLOWPOKE

Pokémon Atontado

Pronunciación: es-LÓU-PÓUK

Altura: 1,2 m

Tipo: Agua-Psíquico

Peso: 36 kg

Movimientos: Maldición, Bostezo, Placaje, Gruñido, Pistola Agua, Confusión, Anulación, Golpe Cabeza, Hidropulso, Cabezazo Zen, Relajo, Amnesia, Psíquico, Danza Lluvia, Más Psique, Pulso Cura

Si la cola de Slowpoke se rompe durante sus quehaceres, probablemente ni siquiera se dará cuenta, y una nueva crecerá rápidamente. La cola desechada se puede secar para su uso culinario.

EVOLUCIÓN

Slowpoke

Slowbro

Slowking

SMEARGLE

Pokémon Pintor

Pronunciación: SMÍR-gol

Tipo: Normal

Altura: 1,2 m

Peso: 58 kg

Movimiento: Esquema

La punta de la cola de Smeargle produce un fluido que utiliza como pintura: literalmente marca su territorio, usando muchos símbolos diferentes. Puede que esas ciudades que parecen tener problemas de graffitis sean el hogar de muchos Smeargle.

EVOLUCIÓN
No evoluciona.

SNEASEL

Pokémon Garra Filo

Pronunciación: es-NÍ-sel

Tipo: Siniestro-Hielo

Altura: 0,9 m   **Peso:** 28 kg

Movimientos: Arañazo, Malicioso, Mofa, Ataque Rápido, Finta, Viento Hielo, Golpes Furia, Agilidad, Garra Metal, Afilagarras, Paliza, Chirrido, Cuchillada, Robo, Castigo, Canto Helado

Sneasel tiene una reputación como un ladrón de huevos astuto y feroz. Se mantiene al acecho hasta que un nido queda sin vigilancia, y luego golpea rápida y sigilosamente con sus afiladas garras.

EVOLUCIÓN

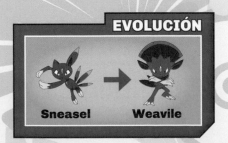

Sneasel   Weavile

SNORLAX

Pokémon Dormilón

Pronunciación: es-NÓR-lax

Altura: 2,1 m

Tipo: Normal

Peso: 460 kg

Movimientos: Placaje, Rizo Defensa, Amnesia, Lengüetazo, Guardia Baja, Bostezo, Golpe Cuerpo, Descanso, Ronquido, Sonámbulo, Giga Impacto, Desenrollar, Bloqueo, Tambor, Triturar, Cuerpo Pesado, Fuerza Equina

El estómago de un Snorlax puede procesar casi cualquier cosa, lo cual es una suerte, ya que su enorme cuerpo requiere más de 400 kilos de alimentos todos los días. Si se queda dormido durante una comida, puede seguir comiendo mientras duerme.

EVOLUCIÓN

Munchlax → **Snorlax**

SNORUNT

Pokémon Gorro Nieve

Pronunciación:
SNÓ-runt

Tipo: Hielo

Altura:
0,7 m

Peso:
16,8 kg

Movimientos:
Nieve Polvo, Malicioso, Doble Equipo, Canto Helado, Viento Hielo, Mordisco, Colmillo Hielo, Golpe Cabeza, Protección, Vaho Gélido, Triturar, Ventisca, Granizo

Si un Snorunt viene de visita, ¡no lo eches! Según la tradición, tener un Snorunt viviendo en tu casa garantiza la prosperidad por muchos años. Este Pokémon es muy feliz en el frío glacial.

EVOLUCIÓN

Snorunt → Froslass

Snorunt → Glalie

SNUBBULL
Pokémon Hada

Pronunciación:
SNA-bol

Tipo: Hada

Altura: 0,6 m

Peso: 7,8 kg

Movimientos:
Colmillo Hielo, Colmillo Ígneo,
Colmillo Rayo, Placaje, Cara Susto, Látigo, Encanto, Mordisco,
Lengüetazo, Golpe Cabeza, Rugido, Furia, Carantoña, Vendetta, Triturar

El aspecto de Snubbull asusta un poco, pero es un blandengue,
a menudo demasiado cobarde o demasiado perezoso para combatir.
Intentará echar a un futuro rival con un gruñido, que muchas
personas encontrarán adorable.

EVOLUCIÓN

Snubbull → **Granbull**

SOLGALEO

Pokémon Corona Solar

Pronunciación:
sol-ga-LÉ-o

Tipo: Psíquico-Acero

Altura:
3,4 m

Peso:
230 kg

Movimientos:
Meteoimpacto,
Masa Cósmica, Espabila,
Teletransporte, Garra Metal,
Cabeza de Hierro, Eco Metálico,
Cabezazo Zen, Foco Resplandor,
Sol Matinal, Triturar,
Represión Metal, Rayo Solar,
Rugido de Guerra, Envite Ígneo,
Vastaguardia, Giga Impacto

El cuerpo entero de Solgaleo
irradia una luz brillante que puede
superar la oscuridad de la noche.
Este Pokémon Legendario al parecer
tiene su hogar en otro mundo, y vuelve
allí cuando su tercer ojo se activa.

**Pokémon
Legendario**

EVOLUTION

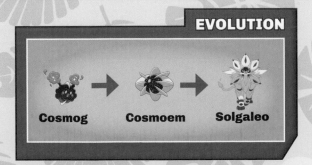

Cosmog → Cosmoem → Solgaleo

SPEAROW
Pokémon Pajarito

Pronunciación:
es-PÍ-rou

Tipo:
Normal-Volador

Altura: 0,3 m

Peso: 2 kg

Movimientos:
Picotazo, Gruñido,
Malicioso,
Persecución,
Ataque Furia,
Golpe Aéreo,
Movimiento Espejo, Buena Baza,
Agilidad, Foco Energía, Respiro, Pico Taladro

Las alas de Spearow son demasiado cortas para volar eficazmente, por lo que permanece en el suelo y se mueve con rápidos saltos. Espantan a tantos tipos de insectos que a los granjeros les gusta tenerlos cerca.

EVOLUCIÓN

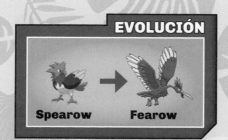

Spearow → Fearow

SPINARAK

Pokémon Escupesoga

Pronunciación:
es-PÍ-na-rak

Tipo: Bicho-Veneno **Altura:** 0,5 m **Peso:** 8,5 kg

Movimientos: Picotazo Veneno, Disparo Demora, Restricción, Absorber, Acoso, Cara Susto, Tinieblas, Sombra Vil, Golpes Furia, Golpe Bajo, Telaraña, Agilidad, Pin Misil, Psíquico, Puya Nociva, Veneno X, Red Viscosa, Hilo Venenoso

Los hilos que genera Spinarak para tejer su telaraña son tan resistentes que a veces se utilizan para reforzar las redes de pesca. En lugar de salir a buscar comida, este paciente Pokémon prefiere esperar a que algo caiga en su red.

EVOLUCIÓN

Spinarak → Ariados

SPINDA

Pokémon Panda Topos

Pronunciación:
s-PÍN-da

Tipo: Normal

Altura: 1,1 m

Peso: 5 kg

Movimientos: Placaje, Copión, Finta, Psicorrayo, Hipnosis, Puño Mareo, Golpe Bajo, Danza Caos, Alboroto, Más Psique, Doble Filo, Azote, Golpe

Mientras Spinda se tambalea y bambolea, tiene la impresión equivocada de que está caminando recto. El patrón de manchas en forma de punto de cada Spinda es ligeramente diferente en cada uno, y los coleccionistas aprecian esta variedad.

EVOLUCIÓN

No evoluciona.

STARMIE

Pokémon Misterioso

Pronunciación:
es-TÁR-mi

Tipo: Agua-Psíquico

Altura: 1,1 m

Peso: 80 kg

Movimientos: Hidrobomba, Foco, Pistola Agua, Giro Rápido, Recuperación, Rapidez, Rayo Confuso

Acercarse a un Starmie podría darte dolor de cabeza, posiblemente debido a las misteriosas señales que transmite su núcleo brillante. Con su forma de estrella de muchas puntas, ¿podría haber caído este Pokémon desde el espacio exterior?

EVOLUCIÓN

Staryu → Starmie

STARYU

Pokémon Estrellada

Pronunciación:
əs-TA-riu

Tipo: Agua

Altura: 0,8 m

Peso: 34,5 kg

Movimientos: Placaje, Fortaleza, Pistola Agua, Giro Rápido, Recuperación, Psicoonda, Rapidez, Rayo Burbuja, Camuflaje, Giro Bola, Salmuera, Reducción, Clonatipo, Joya de Luz, Rayo Confuso, Psíquico, Pantalla de Luz, Masa Cósmica, Hidrobomba

Cuando un grupo de luces rojas brillan de noche en la playa, se trata probablemente una colonia de Staryu. Su núcleo rojo brilla por la noche, y mientras ese núcleo permanezca intacto, este Pokémon podrá regenerarse de casi cualquier daño.

EVOLUCIÓN

Staryu → Starmie

STEENEE

Pokémon Fruto

Pronunciación:
s-TÍ-ni

Tipo: Hierba

Movimientos:
Doble Bofetón,
Salpicadura,
Camaradería, Giro Rápido,
Hoja Afilada, Dulce Aroma,
Hoja Mágica, Danza Caos,
Pisotón, Niebla Aromática,
Seducción, Aromaterapia,
Lluevehojas

Altura: 0,7 m

Peso: 8,2 kg

Animado y alegre, la energía
y el encantador aroma de
Steenee atraen a menudo
a muchos otros Pokémon. Sus
sépalos se han convertido
en un duro caparazón, que
protege su cabeza y su
cuerpo de cualquier ataque.

EVOLUCIÓN

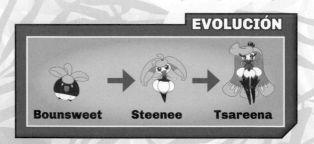

Bounsweet → Steenee → Tsareena

STOUTLAND

Pokémon Magnánimo

Pronunciación: STÁUT-land

Altura: 1,2 m

Tipo: Normal

Peso: 61 kg

Movimientos: Colmillo Hielo, Colmillo Ígneo, Colmillo Rayo, Malicioso, Placaje, Rastreo, Mordisco, Refuerzo, Derribo, Avivar, Triturar, Rugido, Represalia, Inversión, Última Baza, Giga Impacto, Carantoña

La valentía y la inteligencia de Stoutland hacen de él un excelente aliado. Son muchos los Entrenadores que confían en este Pokémon para ayudar a rescatar exploradores varados en las montañas o incluso para ocuparse de los niños.

EVOLUCIÓN

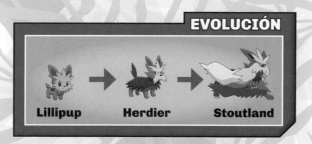

Lillipup → Herdier → Stoutland

STUFFUL

Pokémon Rabieta

Pronunciación:
s-TÁ-ful

Tipo:
Normal-
Lucha

Altura: 0,5 m

Peso: 6,8 kg

Movimientos: Placaje, Malicioso, Venganza, Ojitos Tiernos, Giro Vil, Azote, Vendetta, Derribo, Machada, Golpe, Divide Dolor, Doble Filo, Fuerza Bruta

Por encantador que sea su aspecto, acariciar a un Stufful desconocido es una mala idea, porque no le gusta que le toque nadie que no considere un amigo, y responde con una gran sacudida de sus extremidades, capaz derribar a un luchador fuerte.

EVOLUCIÓN

Stufful → Bewear

SUDOWOODO

Pokémon Imitación

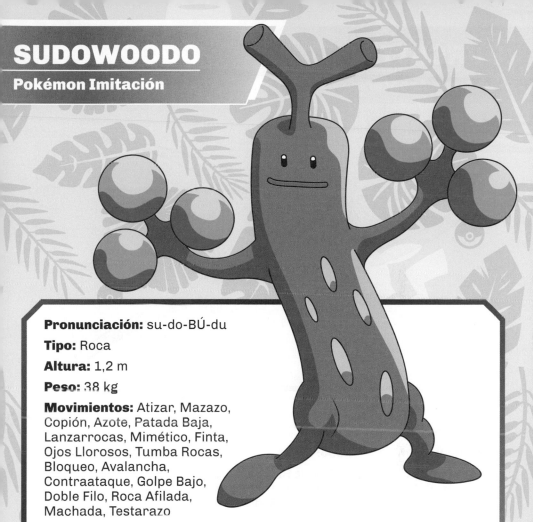

Pronunciación: su-do-BÚ-du

Tipo: Roca

Altura: 1,2 m

Peso: 38 kg

Movimientos: Atizar, Mazazo, Copión, Azote, Patada Baja, Lanzarrocas, Mimético, Finta, Ojos Llorosos, Tumba Rocas, Bloqueo, Avalancha, Contraataque, Golpe Bajo, Doble Filo, Roca Afilada, Machada, Testarazo

¡Sudowoodo recuerda a un árbol, pero si intentas regarlo, se escapará! Este Pokémon es uno de los favoritos de los Entrenadores de edad avanzada y en ocasiones es objeto de búsqueda de coleccionistas, que prefieren a los Sudowoodo con yemas verdes más grandes.

EVOLUCIÓN

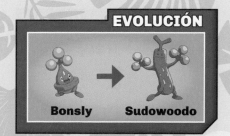

Bonsly → Sudowoodo

SURSKIT

Pokémon Zapatero

Pronunciación: SÚRS-kit

Tipo: Bicho-Agua

Altura: 0,5 m   **Peso:** 1,7 kg

Movimientos: Burbuja, Ataque Rápido, Dulce Aroma, Hidrochorro, Rayo Burbuja, Agilidad, Neblina, Niebla, Acua Aro, Relevo, Red Viscosa

Cuando se siente amenazado, Surskit produce un fluido desde la espina de su cabeza. Ese líquido tiene un sabor muy desagradable para los Pokémon Voladores, por lo que se mantienen alejados. Puede moverse a través de la superficie del agua como si patinara.

EVOLUCIÓN

Surskit → Masquerain

SYLVEON

Pokémon Vínculo

Pronunciación:
SÍL-ve-on

Tipo: Hada

Altura: 1 m

Peso: 23,5 kg

Movimientos:
Viento Feérico,
Voz Cautivadora,
Refuerzo, Placaje,
Látigo, Ataque
Arena, Ojitos
Tiernos, Ataque Rápido, Rapidez, Beso Drenaje, Intercambio, Campo
de Niebla, Pantalla de Luz, Fuerza Lunar, Última Baza, Más Psique

Sylveon proyecta un aura tranquilizadora desde sus antenes, que
tienen la forma de cintas al viento. A veces usa este aura en la batalla
para engañar a sus oponentes y hacer que bajen sus defensas.

EVOLUCIÓN

Eevee → Sylveon

TALONFLAME

Pokémon Flamígero

Pronunciación: ta-lon-FLÉIM

Tipo: Fuego-Volador

Altura: 1,2 m

Peso: 24,5 kg

Movimientos: Ascuas, Envite Ígneo, Placaje, Gruñido, Ataque Rápido, Picotazo, Agilidad, Azote, Respiro, Viento Cortante, Don Natural, Nitrocarga, Acróbata, Yo Primero, Viento Afín, Ala de Acero, Pájaro Osado

Talonflame puede lanzarse en picado a velocidades increíbles al atacar, lo que aumenta la potencia ya impresionante de sus patadas. Sus alas emiten nubes de ascuas mientras vuela.

EVOLUCIÓN

Fletchling   Fletchinder   Talonflame

TAPU BULU

Pokémon Dios Nativo

Pokémon Legendario

Pronunciación:
TÁ-pu BÚ-lu

Tipo: Hierba-Hada

Altura: 1,9 m

Peso: 45,5 kg

Movimientos: Campo de Hierba, Mazazo, Fuerza Bruta, Mal de Ojo, Anulación, Remolino, Refugio, Follaje, Cornada, Gigadrenado, Cara Susto, Drenadoras, Asta Drenaje, Fertilizante, Furia Natural, Cabezazo Zen, Megacuerno, Cabezazo

Tapu Bulu tiene fama de perezoso, porque en lugar de luchar directamente prefiere ordenar a las enredaderas que atrapen a sus enemigos. Las plantas que crecen abundantemente a su paso le dan energía. Se le considera la deidad protectora de la isla de Ula'ula.

EVOLUCIÓN
No evoluciona.

TAPU FINI

Pokémon Dios Nativo

Pokémon Legendario

Pronunciación:
TÁ-pu FÍ-ni

Tipo: Agua-Hada

Altura: 1,3 m

Peso: 21,2 kg

Movimientos: Campo de Niebla, Fuerza Lunar, Pulso Cura, Mal de Ojo, Niebla, Neblina, Refugio, Pistola Agua, Hidropulso, Torbellino, Anegar, Alivio, Salmuera, Despejar, Furia Natural, Agua Lodosa, Acua Aro, Hidrobomba

Tapu Fini puede controlar y limpiar el agua, eliminando las impurezas. Cuando se siente amenazada, invoca una densa niebla para confundir a sus enemigos. Este Pokémon extrae energía de las corrientes oceánicas. Se la considera la deidad protectora de la isla de Poni.

EVOLUCIÓN
No evoluciona.

TAPU KOKO

Pokémon Dios Nativo

Pronunciación:
TÁ-pu KÓ-ko

Tipo:
Eléctrico-Hada

Altura: 1,8 m

Peso: 20,5 kg

Movimientos: Campo Eléctrico,
Pájaro Osado, Cambia Fuerza,
Mal de Ojo, Ataque Rápido, Falsotortazo,
Refugio, Impactrueno, Chispa,
Onda Voltio, Chirrido, Carga, Voltio Cruel,
Movimiento Espejo, Furia Natural, Chispazo, Agilidad, Bola Voltio

Pokémon Legendario

Con escasa capacidad de atención, Tapu Koko se enfada rápidamente, pero con la misma rapidez se olvida de por qué está irritado. Invocar nubes de tormenta le permite almacenar rayos en forma de energía. Se le considera la deidad protectora de Isla Melemele.

EVOLUCIÓN

No evoluciona.

TAPU LELE

Pokémon Dios Nativo

Pokémon Legendario

Pronunciación: TÁ-pu LÉ-le

Tipo: Psíquico-Hada

Altura: 1,2 m

Peso: 18,6 kg

Movimientos: Psychic Terrain, Niebla Aromática, Aromaterapia, Mal de Ojo, Beso Drenaje, Impresionar, Refugio, Confusion, Psicoonda, Psicorrayo, Dulce Aroma, Intercambio, Psicocarga, Cosquillas, Furia Natural, Paranormal, Camelo, Fuerza Lunar

Cuando Tapu Lele revolotea en el aire, las personas que desean tener buena salud reúnen las escamas brillantes que se desprenden de su cuerpo. Extrae energía del aroma de las flores. Se la considera la deidad protectora de la isla de Akala.

EVOLUCIÓN
No evoluciona.

TAUROS

Pokémon Toro Bravo

Pronunciación:
TÁU-ros

Tipo: Normal

Altura: 1,4 m

Peso: 88,4 kg

Movimientos:
Placaje, Látigo, Furia, Cornada, Cara Susto, Persecución, Descanso, Vendetta, Avivar, Cabezazo Zen, Derribo, Contoneo, Golpe, Giga Impacto

Aunque los Tauros en otras regiones son conocidos por su feroz pasión por el combate, los Tauros en Alola son lo bastante tranquilos como para que muchas personas puedan montarlos sin temor. Al parecer, el origen de la práctica de montar Tauros viene de antiguo en esta región.

EVOLUCIÓN

No evoluciona.

TENTACOOL
Pokémon Medusa

Pronunciación: TÉN-ta-kul

Tipo: Agua-Veneno   **Altura:** 0,9 m   **Peso**: 45,5 kg

Movimientos: Picotazo Veneno, Supersónico, Restricción, Ácido, Púas Tóxicas, Hidropulso, Constricción, Bomba Ácida, Rayo Burbuja, Barrera, Puya Nociva, Salmuera, Chirrido, Infortunio, Onda Tóxica, Hidrobomba, Estrujón

Si encuentras un Tentacool seco en la playa, puedes intentar sumergirlo en agua para devolverle la vitalidad. Sin embargo, conviene tener cuidado, porque sus tentáculos poseen un veneno que, de afectarte, podría enviarte a ti al hospital.

EVOLUCIÓN

Tentacool   Tentacruel

TENTACRUEL

Pokémon Medusa

Pronunciación:
TÉN-ta-krul

Tipo: Agua-Veneno   **Altura:** 1,6 m   **Peso:** 55 kg

Movimientos: Clonatipo, Estrujón, Picotazo Veneno, Supersónico, Restricción, Ácido, Púas Tóxicas, Hidropulso, Constricción, Bomba Ácida, Rayo Burbuja, Barrera, Puya Nociva, Salmuera, Chirrido, Infortunio, Onda Tóxica, Hidrobomba

Tentacruel tiene al principio ochenta tentáculos, todos colmados de desagradable veneno. A medida que envejece, algunos de sus tentáculos se dañan o se rompen en combate. Cuando muchos Tentacruel se reúnen, otros Pokémon huyen de la zona.

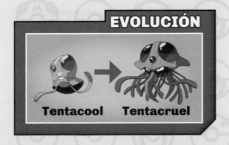

EVOLUCIÓN

Tentacool → Tentacruel

TIRTOUGA

Pokémon Pretortuga

Pronunciación: tir-TÚ-ga

Tipo: Agua-Roca

Altura: 0,7 m

Peso: 16,5 kg

Movimientos: Venganza, Refugio, Pistola Agua, Desenrollar, Mordisco, Protección, Acua Aro, Poder Pasado, Triturar, Vastaguardia, Salmuera, Antiaéreo, Maldición, Rompecoraza, Acua Cola, Avalancha, Danza Lluvia, Hidrobomba

Los estudios del esqueleto fosilizado de Tirtouga indican que podría alcanzar profundidades de hasta 800 metros cuando se zambullía en los cálidos océanos de su antiguo hogar. Originalmente vivió hace 100 millones de años.

EVOLUCIÓN

Tirtouga → Carracosta

TOGEDEMARU

Pokémon Bolita

Pronunciación:
to-ge-de-MÁ-ru

Tipo: Eléctrico-Acero

Altura: 0,3 m

Peso: 3,3 kg

Movimientos: Placaje, Impactrueno, Rizo Defensa, Desenrollar, Carga, Chispa, Moflete Estático, Levitón, Chispazo, Electropunzada, Campo Eléctrico, Voltio Cruel, Pin Misil, Barrera Espinosa, Aguijón Letal

Su espalda está cubierta de un pelaje largo y espinoso que por lo general se ve liso. Togedemaru puede erizar ese pelaje durante el combate para usarlo como arma o durante las tormentas para atraer el rayo, que almacena como electricidad en su cuerpo.

EVOLUCIÓN

No evoluciona.

TORKOAL

Pokémon Carbón

Pronunciación:
TÓR-ko-ul

Altura: 0,5 m

Peso: 80,4 kg

Tipo: Fuego

Movimientos: Ascuas, Polución, Refugio, Giro Rápido, Giro Fuego, Pantalla de Humo, Rueda Fuego, Maldición, Lava Plume, Golpe Cuerpo, Protección, Lanzallamas, Defensa Férrea, Amnesia, Azote, Onda Ígnea, Rompecoraza, Infierno

Debido a que los Torkoal salvajes obtienen energía quemando carbón dentro de sus caparazones, tienden a vivir en las montañas, cerca de grandes yacimientos de carbón. Un Entrenador que tenga a Torkoal como compañero debe tener a mano una fuente constante de combustible.

EVOLUCIÓN

No evoluciona.

TORRACAT

Pokémon Gato Fuego

Pronunciación:
TÓ-rra-kat

Tipo: Fuego

Altura:
0,7 m

Peso:
25 kg

Movimientos: Arañazo, Ascuas, Gruñido, Lengüetazo, Malicioso, Colmillo Ígneo, Rugido, Mordisco, Contoneo, Golpes Furia, Golpe, Lanzallamas, Cara Susto, Envite Ígneo, Enfado

Torracat ataca con golpes poderosos con sus patas delanteras, que son lo bastante fuertes como para doblar el hierro. Cuando escupe llamas, el cascabel de su cuello comienza a sonar.

EVOLUCIÓN

Litten → Torracat → Incineroar

TOUCANNON

Pokémon Tucán

Pronunciación:
tu-KÁ-non

Tipo: Normal-Volador

Altura: 1,1 m

Peso: 26 kg

Movimientos: Pico Cañón, Pedrada, Picotazo, Gruñido, Eco Voz, Golpe Roca, Supersónico, Picoteo, Respiro, Ataque Furia, Chirrido, Pico Taladro, Recurrente, Danza Pluma, Vozarrón

El interior del pico de Toucannon se calienta mucho durante el combate, cuando llega a alcanzar más de 90° centígrados. El calor hace más eficaz su lanzamiento explosivo de semillas y también puede causar graves quemaduras a sus rivales.

EVOLUCIÓN

Pikipek → Trumbeak → Toucannon

TOXAPEX

Pokémon Estrellatroz

Pronunciación:
TÓK-sa-peks

Tipo: Veneno-Agua **Altura:** 0,7 m **Peso:** 14,5 kg

Movimientos: Búnker, Picotazo Veneno, Picotazo, Mordisco, Púas Tóxicas, Vastaguardia, Tóxico, Carga Tóxica, Clavo Cañón, Recuperación, Puya Nociva, Trampa Venenosa, Pin Misil, Hidroariete

Es mejor que Toxapex viva en el fondo del océano, porque genera un veneno muy peligroso. Sus víctimas pueden esperar pasar tres días muy dolorosos antes de recuperarse, y los efectos pueden persistir incluso más allá.

EVOLUCIÓN

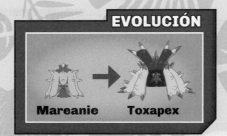

Mareanie Toxapex

TRAPINCH

Pokémon Hormigaleón

Pronunciación: TRÁ-pinch

Tipo: Tierra

Altura: 0,7 m

Peso: 15 kg

Movimientos:
Ataque Arena, Mordisco, Finta, Venganza, Bofetón Lodo, Terratemblor, Bucle Arena, Avalancha, Excavar, Triturar, Tierra Viva, Amago, Terremoto, Tormenta Arena, Fuerza Bruta, Hiperrayo, Fisura

Las enormes mandíbulas de Trapinch pueden aplastar rocas fácilmente cuando excava en la arena para crear su nido. Este paciente Pokémon siempre está a la espera de que algo comestible caiga en su nido, que tiene forma de embudo.

EVOLUCIÓN

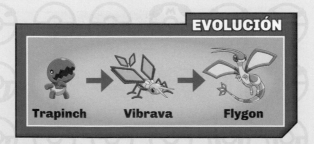

Trapinch → Vibrava → Flygon

TREVENANT

Pokémon Árbol Viejo

Pronunciación:
TRÉ-ve-nant

Tipo:
Fantasma-
Hierba

Altura: 1,5 m

Peso: 71 kg

Movimientos: Garra Umbría, Asta Drenaje, Placaje, Rayo Confuso, Impresionar, Desarrollo, Arraigo, Finta, Drenadoras, Maldición, Fuego Fatuo, Condena Silvana, Mismo Destino, Golpe Fantasma, Mazazo

Trevenant es el guardián de su hogar en el bosque y el protector de las criaturas que viven allí. Cualquiera que intente dañar el bosque deberá seguramente afrontar su ira.

EVOLUCIÓN

Phantump → Trevenant

TRUBBISH

Pokémon Bolsabasura

Pronunciación:
TRÁ-bish

Tipo: Veneno

Altura: 0,6 m

Peso: 31 kg

Movimientos: Destructor, Gas Venenoso, Reciclaje, Púas Tóxicas, Bomba Ácida, Doble Bofetón, Residuos, Reserva, Tragar, Derribo, Bomba Lodo, Niebla Clara, Tóxico, Amnesia, Eructo, Lanza Mugre, Explosión

Cuando Trubbish encuentra alguna sabrosa basura, comerá hasta que esté completamente lleno, y los gases que desprenda después pueden ser tóxicos. En Alola, Trubbish y Grimer a menudo se enfrentan por las fuentes de basura más deliciosas.

EVOLUCIÓN

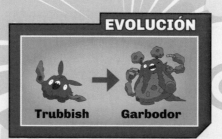

Trubbish → Garbodor

294

TRUMBEAK

Pokémon Trompeta

Pronunciación: TRÁM-bik

Tipo: Normal-Volador

Altura: 0,6 m

Peso: 14,8 kg

Movimientos: Pedrada, Picotazo, Gruñido, Eco Voz, Golpe Roca, Supersónico, Picoteo, Respiro, Ataque Furia, Chirrido, Pico Taladro, Recurrente, Danza Pluma, Vozarrón

Trumbeak almacena semillas de bayas en su pico para usar como municiones. Ataca a los oponentes con una rápida ráfaga de semillas. ¡Su pico también es muy eficaz para hacer mucho ruido!

EVOLUCIÓN

Pikipek → Trumbeak → Toucannon

TSAREENA

Pokémon Fruto

Pronunciación:
tsa-RÍ-na

Tipo: Hierba

Altura: 1,2 m

Peso: 21,4 kg

Movimientos:
Patada Tropical,
Doble Bofetón,
Salpicadura,
Contoneo,
Giro Rápido,
Hoja Afilada,
Dulce Aroma,
Hoja Mágica,
Danza Caos, Pisotón,
Niebla Aromática, Seducción,
Aromaterapia, Lluevehojas, Patada,
Salto Alta

Los salones de belleza a veces usan imágenes de la hermosa Tsareena en su publicidad. Puede ser una combatiente feroz, que usará sus largas piernas para lanzar hábiles patadas mientras se burla de su rival derrotado.

EVOLUCIÓN

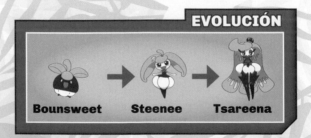

Bounsweet → Steenee → Tsareena

TURTONATOR

Pokémon Tortugabomba

Pronunciación:
tur-to-NÉI-tor

Tipo: Fuego-Dragón

Altura: 2 m

Peso: 212 kg

Movimientos: Ascuas, Placaje, Polución, Protección, Calcinación, Azote, Aguante, Defensa Férrea, Lanzallamas, Golpe Cuerpo, Rompecoraza, Pulso Dragón, Coraza Trampa, Sofoco, Explosión

De la nariz de Turtonator brotan tanto gases venenosos como llamaradas. Su caparazón está formado por un material inestable que podría explotar ante un impacto, por lo que se recomienda a sus rivales que apunten a su abdomen.

EVOLUCIÓN
No evoluciona.

UMBREON

Pokémon Luz Lunar

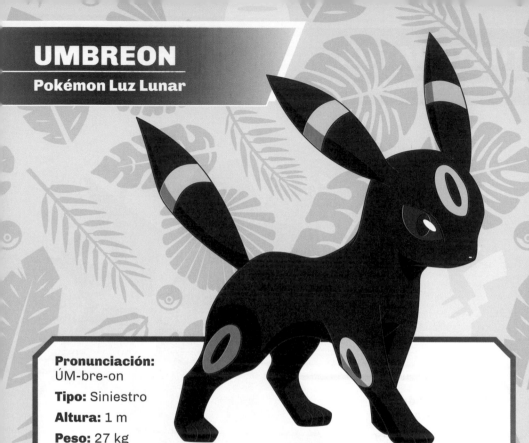

Pronunciación:
ÚM-bre-on

Tipo: Siniestro

Altura: 1 m

Peso: 27 kg

Movimientos: Persecución, Refuerzo, Placaje, Látigo, Ataque Arena, Ojitos Tiernos, Ataque Rápido, Rayo Confuso, Finta, Buena Baza, Chirrido, Luz Lunar, Mal de Ojo, Última Baza, Cambia Defensa

El pelaje negro de Umbreon lo hace ideal para batallas en la oscuridad, y puede confiar en que ese camuflaje le mantendrá oculto hasta que esté listo para atacar. Cuando está enfadado, su sudor se vuelve tóxico.

EVOLUCIÓN

Eevee → Umbreon

VANILLISH

Pokémon Nieve Helada

Pronunciación: va-NÍ-lish

TIpo: HIelo

Altura: 1,1 m

Peso: 41 kg

Movimientos: Carámbano, Fortaleza, Impresionar, Alboroto, Viento Hielo, Neblina, Alud, Mofa, Disparo Espejo, Armadura Ácida, Rayo Hielo, Granizo, Manto Espejo, Ventisca, Frío Polar

Vanillish puede controlar las partículas de hielo y hacer que rodeen a sus oponentes para congelarlos. En climas cálidos, su cuerpo helado está en peligro de derretirse, aunque puede congelarse a este Pokémon para curarlo.

EVOLUCIÓN

Vanillite → Vanillish → Vanilluxe

VANILLITE

Pokémon Nieve Fresca

Pronunciación: va-NÍ-lait

Tipo: Hielo

Altura: 0,4 m

Peso: 5,7 kg

Movimientos: Carámbano, Fortaleza, Impresionar, Alboroto, Viento Hielo, Neblina, Alud, Mofa, Disparo Espejo, Armadura Ácida, Rayo Hielo, Granizo, Manto Espejo, Ventisca, Frío Polar

Vanillite es especialmente popular en Alola y otros lugares cálidos, donde abrazar a este helado Pokémon es una forma muy agradable de refrescarse. Puede exhalar pequeños cristales de hielo para crear una ráfaga de nieve alrededor de sí mismo.

EVOLUCIÓN

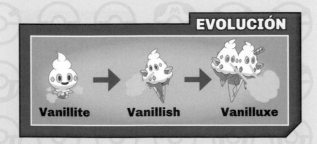

Vanillite → Vanillish → Vanilluxe

VANILLUXE

Pokémon Nieve Gélida

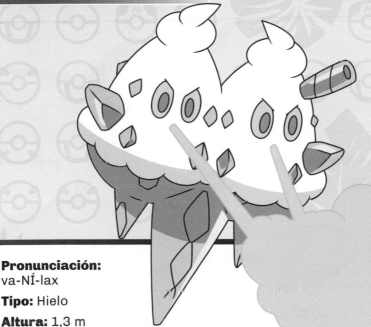

Pronunciación:
va-NÍ-lax

Tipo: Hielo

Altura: 1,3 m

Peso: 57,5 kg

Movimientos: Liofilización, Meteorobola, Carámbano, Fortaleza, Impresionar, Alboroto, Viento Hielo, Neblina, Alud, Mofa, Disparo Espejo, Armadura Ácida, Rayo Hielo, Granizo, Manto Espejo, Ventisca, Frío Polar

Vanilluxe tiene dos cabezas, cada una con su propia mente, y no siempre están de acuerdo. Cuando deciden trabajar juntas, este Pokémon puede generar ventiscas impresionantes con las nubes de nieve que forma dentro de su cuerpo.

EVOLUCIÓN

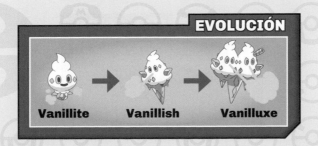

Vanillite → Vanillish → Vanilluxe

VAPOREON

Pokémon Burbuja

Pronunciación:
ba-PÓ-reon

Tipo: Agua

Altura:
1 m

Peso:
29 kg

Movimientos:
Pistola Agua,
Refuerzo,
Placaje, Látigo,
Ataque Arena, Ojitos Tiernos, Ataque Rápido, Hidropulso,
Rayo Aurora, Acua Aro, Armadura Ácida, Niebla, Agua Lodosa,
Última Baza, Hidrobomba

Vaporeon vive cerca del agua, y hay quien lo ha visto vagar por la orilla y lo ha tomado por una sirena. Cuando se sumerge, su camuflaje es perfecto: puede desaparecer por completo para lanzar un ataque furtivo.

EVOLUCIÓN

Eevee → Vaporeon

VIBRAVA

Pokémon Vibrante

Pronunciación:
bai-BRÁ-ba

Tipo:
Tierra-Dragón

Altura: 1,1 m

Peso: 15,3 kg

Movimientos: Dragoaliento, Ataque Arena, Bomba Sónica, Finta, Venganza, Bofetón Lodo, Terratemblor, Bucle Arena, Avalancha, Supersónico, Chirrido, Tierra Viva, Zumbido, Terremoto, Tormenta Arena, Alboroto, Hiperrayo, Estruendo

Vibrava tiene que comer mucho para alimentar el desarrollo de sus raquíticas alas. En lugar de volar, junta y hace vibrar sus alas, creando ondas ultrasónicas que usa en combate.

EVOLUCIÓN

Trapinch → Vibrava → Flygon

VIKAVOLT

Pokémon Escarabajo

Pronunciación:
VÍ-ka-volt

Tipo:
Bicho-Eléctrico

Altura: 1,5 m

Peso: 45 kg

Movimientos:
Rayo, Tajo Aéreo,
Carga, Agarre, Disparo Demora, Bofetón Lodo, Mordisco, Picadura, Chispa, Acróbata, Guillotina, Zumbido, Excavar, Electrocañón, Agilidad

Vikavolt usa sus grandes mandíbulas para concentrar la electricidad que produce dentro de su cuerpo, y luego desata un poderoso rayo para aturdir a sus oponentes. Los Pokémon Voladores que en tiempos fueran una amenaza no son rival para sus ataques de descargas.

EVOLUCIÓN

Grubbin → Charjabug → Vikavolt

VULLABY

Pokémon Pañal

Pronunciación: VÚ-la-bai

Tipo: Siniestro-Volador

Altura: 0,5 m   **Peso:** 9 kg

Movimientos: Tornado, Malicioso, Ataque Furia, Picoteo, Maquinación, Camelo, Finta, Castigo, Despejar, Viento Afín, Tajo Aéreo, Pulso Umbrío, Embargo, Remolino, Pájaro Osado, Movimiento Espejo

Vullaby cubre de huesos su mitad inferior para usarlos como escudo, y los va reemplazando a medida que crece. Sus alas aún no son lo bastante grandes como para permitirle surcar el aire.

EVOLUCIÓN

Vullaby → Mandibuzz

Pokémon Zorro

Pronunciación:
BÚL-pix

Tipo: Hielo

Altura: 0,6 m

Peso: 9,9 kg

Movimientos: Nieve Polvo, Látigo, Rugido, Ojitos Tiernos, Canto Helado, Rayo Confuso, Viento Hielo, Vendetta, Neblina, Finta, Infortunio, Rayo Aurora, Paranormal, Velo Sagrado, Rayo Hielo, Cerca, Ventisca, Rabia, Seducción, Frío Polar

En la región de Alola, Vulpix fue en tiempos conocido como Keokeo, y algunos ancianos todavía usan ese nombre. Sus seis colas pueden crear una lluvia de cristales de hielo para refrescarse cuando hace demasiado calor.

EVOLUCIÓN

Vulpix → **Ninetales**

WAILMER

Pokémon Ballenabola

Pronunciación:
UÉIL-mer

Tipo: Agua

Altura: 2 m   **Peso:** 130 kg

Movimientos: Salpicadura, Gruñido, Pistola Agua, Desenrollar, Torbellino, Impresionar, Hidropulso, Neblina, Salmuera, Descanso, Salpicar, Amnesia, Buceo, Bote, Hidrobomba, Cuerpo Pesado

Cuando Wailmer se siente juguetón, infla su cuerpo redondo succionando agua de mar y luego se dedica a rebotar alegremente. Lanza el agua de una manera muy llamativa, disparando impresionantes cañonazos desde sus fosas nasales.

EVOLUCIÓN

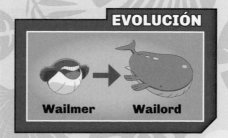

Wailmer   Wailord

WAILORD
Pokémon Ballenaflot

Pronunciación:
UÉI-lor

Tipo: Agua

Altura: 14,5 m   **Peso:** 398 kg

Movimientos: Anegar, Rugido de Guerra, Cuerpo Pesado, Salpicadura, Gruñido, Pistola Agua, Desenrollar, Torbellino, Impresionar, Hidropulso, Neblina, Salmuera, Descanso, Salpicar, Amnesia, Buceo, Bote, Hidrobomba

Wailord nada con la boca abierta para recoger comida. En algunos lugares, las manadas de estos enormes Pokémon son como una atracción turística, ya que los visitantes salen en botes para ver si pueden avistar alguno.

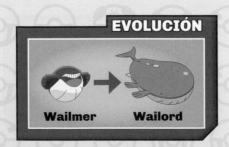

EVOLUCIÓN

Wailmer → Wailord

WEAVILE

Pokémon Garra Filo

Pronunciación:
UÍ-bail

Tipo:
Siniestro-Hielo

Altura: 1,1 m

Peso: 34 kg

Movimientos:
Embargo, Desquite, Buena Baza, Arañazo, Malicioso, Mofa, Ataque Rápido, Finta, Viento Hielo, Golpes Furia, Maquinación, Garra Metal, Afilagarras, Lanzamiento, Chirrido, Tajo Umbrío, Robo, Castigo, Pulso Umbrío

En los lugares fríos donde vive, Weavile se comunica con los miembros de su grupo tallando rocas y árboles con sus afiladas garras. En la región de Alola, a menudo disputan su hábitat con Sandshrew y Vulpix.

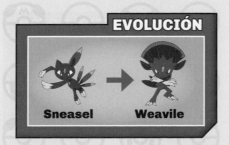

EVOLUCIÓN

Sneasel → Weavile

WHIMSICOTT

Pokémon Vuelaviento

Pronunciación:

WÍM-si-cot

Tipo: Hierba-Hada

Altura: 0,7 m

Peso: 6,6 kg

Movimientos: Desarrollo, Drenadoras, Megaagotar, Esporagodón, Tornado, Viento Afín, Vendaval, Fuerza Lunar

Whimsicott es tan ligero y esponjoso que flota en la brisa. El algodón que cubre su cuerpo se desprende fácilmente, ya sea cuando Whimsicott alborota la casa de alguien o cuando le sacude un fuerte viento.

EVOLUCIÓN

Cottonee → Whimsicott

WHISCASH

Pokémon Bigotudo

Pronunciación: UÏS-kas

Tipo: Agua-Tierra

Altura: 0,9 m

Peso: 23,6 kg

Movimientos: Golpe, Eructo, Cabezazo Zen, Cosquillas, Bofetón Lodo, Chapoteo Lodo, Hidrochorro, Pistola Agua, Bomba Fango, Amnesia, Hidropulso, Magnitud, Descanso, Ronquido, Acua Cola, Terremoto, Agua Lodosa, Premonición, Fisura

Whiscash vive en el pantano, donde la mayor parte del tiempo se posa sobre el fondo turbio, esperando que la comida flote por allí cerca. Si ves uno que salta enérgicamente fuera del agua, podría significar que se acerca un terremoto.

EVOLUCIÓN

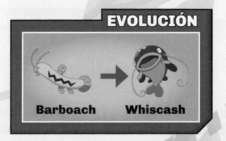

Barboach → Whiscash

WIGGLYTUFF

Pokémon Globo

Pronunciación:
UÍ-gli-taf

Tipo:
Normal-Hada

Altura: 1 m

Peso: 12 kg

Movimientos:
Doble Filo, Carantoña, Canto, Rizo Defensa, Anulación, Doble Bofetón

Cuando el tiempo es cálido, Wigglytuff muda su pelaje, que se puede hilar para hacer tejidos deliciosamente suaves. A medida que estos Pokémon respiran, sus cuerpos se expanden para contener más aire; a veces hacen un juego de descubrir cuánto pueden inflarse.

EVOLUCIÓN

Igglybuff → Jigglypuff → Wigglytuff

WIMPOD

Pokémon Huidizo

Pronunciación: UÍM-pod

Altura: 0,5 m

Tipo: Bicho-Agua

Peso: 12 kg

Movimientos: Estoicismo, Ataque Arena

Cuando el cobarde Wimpod huye del combate, dejará el camino barrido por el paso de sus muchas patas. Así es como ayuda a mantener limpias las playas y los fondos marinos también, rebuscando para encontrar casi cualquier cosa comestible.

EVOLUCIÓN

Wimpod → Golisopod

WINGULL

Pokémon Gaviota

Pronunciación:
UÍN-gul

Tipo: Agua-Volador

Altura: 0,6 m

Peso: 9,5 kg

Movimientos: Gruñido, Pistola Agua, Supersónico, Ataque Ala, Neblina, Hidropulso, Ataque Rápido, Aire Afilado, Persecución, Golpe Aéreo, Respiro, Agilidad, Tajo Aéreo, Vendaval

Los huesos de Wingull son huecos, lo que le permite volar sin esfuerzo. Si varios Wingull dan vueltas sobre un punto concreto en el mar, los pescadores toman nota y lanzan sus sedales en esa zona para conseguir una buena captura.

EVOLUCIÓN

Wingull → Pelipper

WISHIWASHI

Pokémon Pececillo

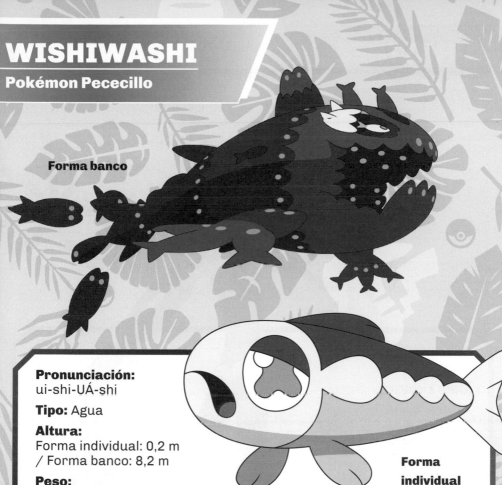

Forma banco

Forma individual

Pronunciación:
ui-shi-UÁ-shi

Tipo: Agua

Altura:
Forma individual: 0,2 m
/ Forma banco: 8,2 m

Peso:
Forma individual: 0,3 kg
/ Forma banco: 78,6 kg

Movimientos: Pistola Agua, Gruñido, Refuerzo, Finta, Salmuera, Acua Aro, Ojos Llorosos, Derribo, Buceo, Paliza, Acua Cola, Doble Filo, Anegar, Esfuerzo, Hidrobomba

Si parece que un Wishiwashi está a punto de llorar, ten cuidado. La luz que brilla en sus ojos humedecidos atraerá a todo el banco, y los Wishiwashi se unirá para luchar contra sus posibles rivales haciendo valer la simple ventaja de sus números.

EVOLUCIÓN

No evoluciona.

XURKITREE

Pokémon Luminaria

Ultraente

Pronunciación:
SHÁR-ki-tri

Tipo: Eléctrico

Altura: 3,8 m

Peso: 100 kg

Movimientos: Ráfaga, Chispa, Carga, Constricción, Impactrueno, Onda Trueno, Onda Voltio, Arraigo, Puño Trueno, Onda Anómala, Doble Rayo, Rayo, Hipnosis, Chispazo, Campo Eléctrico, Latigazo, Cortina Plasma, Electrocañón

Xurkitree es uno de los misteriosos Ultraentes que, tras surgir del Ultra Agujero de Gusano, invadió una planta eléctrica. Algunos sospechan que absorbe electricidad en su cuerpo para alimentar las serias descargas que es capaz de producir.

EVOLUCIÓN
No evoluciona.

YUNGOOS

Pokémon Patrulla

Pronunciación:
YÁN-gus

Tipo: Normal **Altura:** 0,4 m **Peso:** 6 kg

Movimientos: Placaje, Malicioso, Persecución, Ataque Arena, Rastreo, Venganza, Mordisco, Bofetón Lodo, Superdiente, Derribo, Cara Susto, Triturar, Hipercolmillo, Bostezo, Golpe, Descanso

Yungoos está siempre activo durante el día, moviéndose en busca de comida, y no es demasiado quisquilloso con a qué le clava sus afilados dientes. Cuando llega la noche, se quedará dormido de inmediato sin importar dónde esté.

EVOLUCIÓN

Yungoos → Gumshoos

ZUBAT

Pokémon Murciélago

Pronunciación:
ZÚ-bat

Tipo:
Veneno-Volador

Altura: 0,8 m

Peso: 7,5 kg

Movimientos:
Absorber, Supersónico, Impresionar, Confuso, Aire Afilado, Rapidez, Ojo, Chupavidas, Niebla, Anticipo Mordisco, Ataque Ala, Rayo Colmillo Veneno, Mal de Carga Tóxica, Tajo Aéreo,

Estar bajo el sol no es muy saludable para Zubat, por lo que pasa el día durmiendo en cuevas. Como no tiene ojos, usa ondas ultrasónicas para detectar su entorno.

EVOLUCIÓN

Zubat → Golbat → Crobat

ZYGARDE

Pokémon Equilibrio

Pokémon Legendario

Pronunciación:
ZÁI-gard

Tipo: Dragón-Tierra

Altura: 5 m

Peso: 305 kg

Movimientos:
Deslumbrar, Terratemblor, Dragoaliento, Mordisco, Velo Sagrado, Excavar, Atadura, Fuerza Telúrica, Tormenta Arena, Niebla, Triturar, Terremoto, Camuflaje, Pulso Dragón, Enrosque, Enfado

Cuando Zygarde ha reunido el cincuenta por ciento de sus células, toma esta forma de apariencia serpentina. Se dice que este Pokémon legendario es un guardián del ecosistema y que podría volverse todavía más poderoso.

EVOLUCIÓN
No evoluciona.

Papel certificado por el Forest Stewardship Council®